U0864649

# 猫的夏·日小旅行

猫。果然如是 著

山东人民出版社

猫
的
夏
·
日

小
旅
行

目录  Contents

旅途上的画画课

当时出发的旅行，
到现在
还没结束

出国旅行，一开始需要一个动机。

如果没钱，这样的动机是被排在很后面的。初入职场那些年累积了一些莫名的工作压力，是自己给的高标准。迫使我想找到一个巨大的出口，一个比逛百货公司、逛网店要花上更长一点的时间，或是比回忆更陌生一点的地方。

我开始逛"背包客栈"，三五不时点选机票试算连结，估量要存多少的旅费、累积多少休假时间、学会多少种杀价的语言以及多少的勇气，然后出发。

和多数人一样，找几个朋友一起搭飞机上路，去了一个全然陌生的地方。我却开始享受旅行中的一点点孤寂，思索着，旅行中的印章或票根、许多的快门声、在不同的餐桌上用不熟悉的语言配着没尝过的食物味道、拉着行李箱在不同的柜台前等候……

旅行，從一本空白筆記本開始。

也許，還有一架飛機。

这些，就是旅行的滋味吗？

还好，我还保有一些流动的画面在笔记本里。旅途中收集了各种形状、色彩、声音、温度、气味，总是从记忆的缝隙中钻进来，在每天平凡的小日子里透出一点点对旅行的想念与乐趣。

从旅途开始记录眼前的风景成了一种习惯，并延续到日常中。假装着，我的小旅行一直一直持续进行，没有结束。

抵达关西空港已经是晚餐后的时间，虽然第一天即将结束，但是旅行正要开始。

翻开旅行的想象

旅行前就花了不少钱在选购适合的旅游书籍。根本就不可能抵达所有的景点，却开始想象在其中生活的细节，这是某种乐天知命的性格吧！

日本纪录片导演小川绅介曾经这样说过："看电影这个行为，并不单纯指有个银幕，上面放着电影，我们去看了，看完了回家这一个简单的过程。而是，事实上，从你想看电影的那一刻起，其实电影就已经开始了。"

对我来说，迈开长途旅行的步伐从收集旅游资讯，或看了哪张相片开始便动了"我想去这里"的念头，在心灵上就是on the road，接下来开始找住宿地点附近有没有市场可以买菜，祈祷背包旅舍里有个小厨房能使用。

做梦不如上路。

一区一区地翻开，从博物馆、咖啡馆开始找，确认旅行期间的展览、确认咖啡馆开门的时间。资讯一条一条地抄下来，连地图也不放过。翻着昨天抄写的记录，好像我已经到过那里，喝了一杯抹茶欧蕾，带着愉快的心情返家。

如果旅行可以像搭公车到市区喝杯咖啡、热茶这么容易就好了。在蝉开始大声鸣叫前，赶紧翻完资料，把夏天的旅行搞定吧！

# My Trip · Book list ※東京·

① 像 MOOK 的書。

·推薦指數: ♥♥♥

一個人的 TOKYO 初体驗 ♥ / 台灣角川出版　NT 260
· 哈日杏子

最新版!

① 有詳細の商店街介紹。
＊有手繪地圖。
·推指數 ♥♥♥♡

東京街道發現 ♥ / 太雅生活館　NT 350.

· 魏國安

▶ 初版第一刷。👑 冠軍

① 看完後也想挑戰在 TOKYO 散步⋯⋯
　＊有手繪圖
　·推薦指數: ♥♥♥♥♥
　(P.S 再版の封面不同哦!)

東京生活遊戲中 ♥ / 木馬遊記　NT 280.
· Milly

\* J-HOPPERS KYOTO

在京都車站南口步行約7-8分鐘。重溫宿舍式住宿の便宜旅舍。英語溝通可，有簡便廚房，附近有超市和超商。

→ J-Hoppers 也有单车租借！

像大学宿舍一样的
J-Hoppers Kyoto
住宿生活

日本的旅游住宿有非常多的选择，早先住过商务旅馆，虽然很干净，也多在交通便利之处，但是有点厌倦了每天早餐都是味噌汤和三角饭团，也没有厨房可以使用，所以第二年再去日本时就选择了民宿或是住宿家庭。

出发前，朋友先在背包客栈上找到这间很多人推荐的京都住宿 J-Hoppers Kyoto，先以 email 联系预定，抵达入住时在柜台付款就可以了。

从京都火车站后方，步行约十分钟就可以看到 J-Hoppers 的坡璃窗立在街角。

一楼是 check-in 的柜台，总是有三三两两的背包客在此使用店内的电脑，荧幕上正在处理的也许是某些思乡之情，或是即将出发的下个旅程。staff 确认我们的房间后，到小挂帘的后方取了干净的床单、枕头套以及钥匙递给我们。迎接自助旅行的第一个开始，是非常狭窄的木头阶梯，我想离开时最后一个难题该是要把行李箱抬下来。

上楼梯后全部要换上室内拖鞋，于是在楼梯玄关处散置了各种鞋子。男鞋女鞋皆有，运动鞋居多，多数已磨损到看不清原本的颜色，夹脚拖鞋也是有的，通常带有长期旅行的痕迹。

先住四楼的和室房，隔天转到八人上下铺的房间。但卫浴设备都是要走到二楼的公用淋浴间和厕所，有种回到大学宿舍生活的感觉。

二楼靠马路这侧有个厨房和宾客休息厅，住宿期间的晚餐和早餐都靠这个配备齐全的厨房解决，晚上七八点在回民宿路上到超市买些简单的食材，煮个赞岐乌龙面就获得大满足，还可配点蔬菜水果，营养满点。

在厨房的时候，也会遇到其他住宿的旅客，能够交谈的话会聊上一两句，有时候回答锅里头放了什么，有时候询问明天要去哪里玩。端起汤碗和朋友一起到客厅享用，电视机的遥控器常常找不到，于是不论早晚，频道总是停在国际新闻节目。有时还被裸着上身走进来的金发男子吓到，这已经不是身材或年纪的问题，而是国情风俗的差异。

早安！京都。
morning！KYOTO！

第二天搬到租金较便宜的Dormitory room，和其他的旅客共用一个大房间。贴心的店家有提供大片布帘，在入睡时候可以把床围起来，避免睡姿太可笑被发现。但夏天的京都只有热，因此我们直接把保护隐私用的布帘当凉被盖，省掉遮丑的动作。

如果要说，这个如大学宿舍一般的民宿，有何魅力？除了Staff年轻活泼外，大概是给了我一种家的感觉。从小浴室走出来，一手拿着换掉的脏衣物，一手拎着借来的脸盆，鲨鱼夹还在头上，可是一点也不美，还很居家。自自在在地走回房间，和室友们点着头打招呼，在其实很狭小的空间摊开行李箱打包今日的战利品，和同行的好友讨论明日的行程。

晚上回来时，可以在一楼的小白板上看到明日的气象资讯。在许多旅行变数中，仍保有一些安心，这是J-Hoppers Kyoto给我的感受。

甚至在离开京都，前往下一处的住宿，因故出了问题，我们厚着脸皮回头找J-Hoppers Kyoto时，也得到相当大的协助，让我们从大学宿舍住到公寓小套房去，在京都多停留一日。

人工手动式气候资讯板，是J-HOPPERS伙伴晚上休息前查好资料画上的。

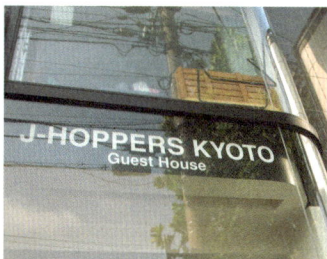

早晨才来得及看清楚J-HOPPERS KYOTO
的外观。

打开四楼的窗子就能看见宁静的京都早晨。
◎南西

二楼的宾客休息厅有可以用餐的位置，墙上
张贴了旅游资讯。

楼梯墙上的装饰，看不懂日文，但是从汉字中
心领神会，带着微笑出门开始一天的旅行。

🛈

京都J-Hoppers
〒601-8027京都市南区东九条中御灵町51-2
电话 +81-75-681-2282
传真 +81-75-681-2282
网站 kyoto.j-hoppers.com
信箱 hello@j-hoppers.com

　　我是一个大事不错、小错常犯的人。大概根底是头脑简单，得过且过的心态。旅行的行程安排是绝对不能交付给我一个人完成的，我只能厚脸皮地在朋友安排之初提出自己的心愿，再由细心的朋友搞定交通路线、控制预算。

　　最后我能做的也只有写信预定房间，日本的民宿或是青年旅馆多数都能接受线上查询空房，少数需在一来一往的信件中确认好日期、房型、价钱、抵达和离开时间，以及人数。

　　这是再简单不过的事情，但我就是有办法在英语模式的mail中把预定房间的日期从July往前挪到June。

　　这就是悲剧。

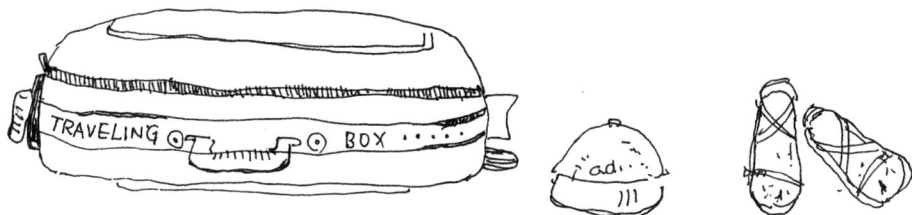

　　在我们早上起床把行李扛到一楼寄放，预备要出门去看祇园祭的前五分钟，我好像感应到什么，先打电话到箱根的青年旅馆确认晚上的住宿，然后我在对方英语、日语夹杂的回应中，没有听到OK或是任何令人安心的语气。

　　略懂日文的南西接过电话眉头越挤越深，最后挂上电话说："今。天。没。有。我。们。预。定。的。房。间。"急如热锅上的蚂蚁，差不多就是那时候的心情。

　　因为我的粗心可能要让我们俩今晚流落街头，当然箱根温泉、小王子博物馆、玻璃之森博物馆都要说再见了。人在京都的我们，要向住在东京的网友求救吗？

　　赶紧回头问J-Hoppers还有没有空房可以留宿，但这时正当夏天祭典的旺季，床铺在几个月前就额满。

差点脱口而出"有个地方能躺下来就好了"。还好我日语根本一字不会。年轻的staff也许常常遇到这么糗的旅客,好心地帮我们询问了一个貌似老板的大叔。

踩着夹脚拖鞋的大叔出现,听我们把事情倒带一次后,拿起电话咕哝咕哝的,听起来很有希望。老板挂上电话跟我们说,很抱歉今晚这里已经客满,但离这里不远的地方还有一栋短租型公寓,有一间空房,如果愿意的话可以去看看。

这一切好像在黑暗中看到一盏明灯,人生又充满了希望。从J-Hoppers Kyoto离开,经过超市,穿过住宅巷弄,抵达一栋墙上挂着Kyoto Apartment 3的公寓。

打开门,有个简单的玄关,踏上稍高的地板,一楼右侧摆了沙发电视,左边角落是厨房,楼梯下的空间是厕所,旁边是有浴缸的浴室。要收留我们的是二楼的一个空房间,虽然只有单人床,但是以落难的标准来说已经是天堂等级了,差不多在看到房间的同时,我们就已经点头如捣蒜,成交。

ⓘ

**京都公寓3 Kyoto Apartment 3**（九条河原町）

〒601-8028 京都市南区东九条东御嘉町52-18

电话 +81-75-812-8776

传真 +81-75-811-5550

网站 www.kyoto-apartment.com

信箱 info@kyoto-apartment.com

PS. 此为长期租用非民宿

价格优待落难背包客，与前一晚的Dormitory room单人收费同等。

这类型的公寓都至少要租半个月以上，适合留学生或是出差上任的单身者，公寓的机能一应俱全。不过因为是长住的租客，也会比较重视生活隐私或安全。我们对这点太大意，擅邀J-Hoppers Kyoto的外国旅人一起过来吃晚餐，其中一位日本OL租客下班回来看到电视开着，沙发上躺了个刺青的外国女生，桌上还有一些啤酒罐，整个大暴走。她转过来对着在厨房准备晚餐有些被吓傻的我们噼里啪啦讲了一大串，虽然我一句都听不懂，但依照她的表情看来，里头大概有："你们是谁？怎么会在这里？再不走我要叫警察了！"

 讚岐烏龍麵條

金針菇

 圓茄 x 3

 韓國泡菜

 豆芽菜

大根

 油豆腐

高麗菜

在黑潮超市一邊選食材，一邊想媽媽會如何
料理組合。茄子切塊煎後滷醬油，油豆腐切絲
和豆芽菜·泡菜一起炒，大根煮湯，烏龍麵
醬油麵炒燴什錦蔬菜。在她們吵著"溝通"時，
我希望這桌台式料理可以讓紛爭有個好收尾，
我們不用睡在街上。

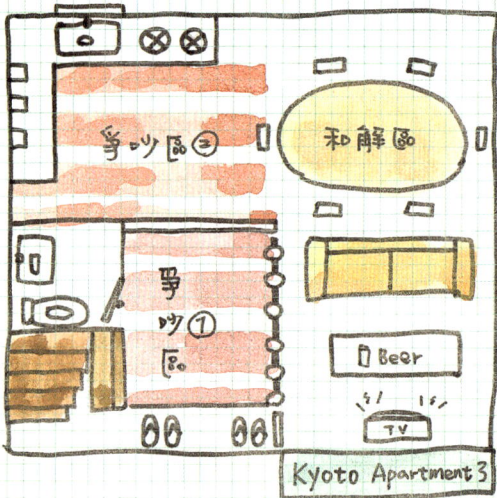

爭吵區②

和解區

爭吵①區

Beer

TV

Kyoto Apartment 3

Kyoto apartment 3 一樓
平面記憶圖。

日本 OL 小姐開門進來
發現一屋子陌生人，整
個大發火，從玄關吵
到廚房，最後終於
在餐桌上和解。呼~

`后来在南西不断地用日语、英文解释之后，OL小姐稍微平息怒气，但显然还是非常不高兴。刚好有其他住客洗完澡出来，听见嘈杂的声响下楼察看，终于来了一位中日语流畅的中国留学生，帮我们居中解释协调，我们也再三保证明天不会看到我们或是啤酒罐，才总算缓和气氛。这时候默默站在炉子前的我也完成了三菜一汤一面的晚餐，赶紧请居中的翻译邀请OL小姐一起用餐，南西赶紧顺势献上台湾名产凤梨酥，一群陌生人闯入家园的仇恨感才逐渐化解。

送走刺青客，再向日本OL和中国留学生致歉道谢。就寝时，我以赔罪的心情自愿睡地板，在心中感谢能睡在干净舒适的地方，不会吹风淋雨；感谢同行的南西没有当场挥我一拳，还能自我解嘲地说省下的交通和参观费可以再去买更多的绘本；感谢这一切的经历，好的坏的，都让我更了解旅行的意义。

赔罪用の台灣凤梨酥
大獲好評！！

K's House 和在京都入住的 J's Hostel 都是属于背包客出入较多的家庭式旅馆。位于著名景点浅草寺附近的K's House Tokyo，在我们造访前才开幕不久，设备非常新。但距离较近的都营大江户线藏前车站口并没有电梯，在楼梯上搬运行李出站时非常吃力，最后是靠着好友一人抵两人，连我的行李一起扛上来。

出站后走一小段路弯进巷弄间，才看到 K's House 的鲜艳外墙。透过大片落地窗看到交谊室有几座书柜、公用电脑桌、沙发区，后头还有一个开放式厨房，厨房旁是日式塌塌米的平台，上面有张和式桌与电视。

柜台值班的女孩，英文十分流利。语言不流利的一直是我们，但旅行中，语言从来就不是大问题。确认房间后，走道尽头出现令人感动落泪的小电梯一座。解救了我们的双臂，当初选择这间旅馆，是因为离羽田机场不远，可以节省许多转车时间。

但是，打开我们预约的Twin Type房，一眼就看完。真的很小。蓝色地毯、淡蓝色窗帘，加上每人一床蓝白条纹的棉被，要假装自己是正在航行途上的小水手，一点也不难啊！

Twin Room

蔵前 K's House
TOKYO

・晚上整理行李時，另一人就得去盥洗，
以舒解空間不足的問題。

・床鋪是走海軍風格的藍白條紋風！

蔵前離淺草不遠，卻不在 JR 線上，因此，都要搭
PINK 大江戶線的上野御徒町下車在出站走到 JR 的上
野搭山手線。

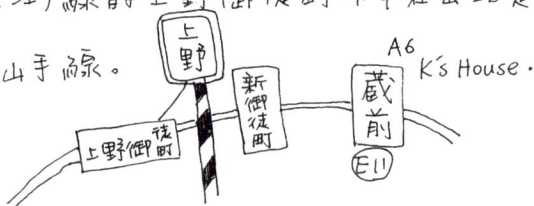

上野

上野御徒町 / 徒町

新御徒町

A6
K's House.

蔵前

E11

K's House　ケイズハウス东京

〒111-0051 东京都台东区蔵前 3 丁目 20-10（近都营大江户线藏前站）

电话　+81-3-5833-0555

传真　+81-3-5833-0444

网站　kshouse.jp/tokyo-j/index.html

信箱　tokyo@kshouse.jp

但室内空间有多小，只有在晚上我和朋友两人回到房间，整理行李箱时才实际感受得到。除去靠窗的上下铺床位，把行李箱打开后，剩下的空间仅容一人站立，另一人只好离开现场，先去盥洗。

房间极小，共用的淋浴间也没多大，但干干净净的，符合它应有的功能。旅行者入境随俗，很快就习惯眼前的一切。

住宿 K's House 时，晚上盥洗后拿着从超市买来的简单食材到厨房烹调晚餐，发现亚洲住客会在晚间相约下楼看电视，欧美住客则多排队等候使用电脑网络，或在沙发上吃零食小酌聊天。使用厨房的住客倒是很少。大概只有我们这种想把外食餐费省下买书的小气背包客，才会愿意在步行一天的疲惫旅途后，还花精力和时间在厨房煮食，喂饱自己。谨慎地夹起滑溜的乌龙面条，放进嘴里吃下一种简单的滋味，期待着隔日出发的路线会看见更多不一样的小风景。

早晨的出发，自如同联合国宿舍般的 K's House 迈开步伐，从小巷转角后迎向街道，听到各种声音来到眼前，往前走些就是浅草寺商店街，或者选择遁入车站的地下道，朝更远的地方出发。旅行是一种用自己的时间换取"想过的生活"的方式，在类似日常的步调中，任性地调拨时间的步伐，让自己能遇上一种美好的感受。

与台湾接轨的
池袋之家

即便有一起出发的朋友，但每个人的旅行、散步路线不同。我们选择早上一起出门后便各自摊开地图出发，中午约地方碰面吃饭（这也是一种探险），等到傍晚时分依着夕阳带着满足和当日战利品一块儿回到旅馆。

其余的，便是一人旅行团的独处时光。

一人旅行时，从嘴巴蹦出的声音比平时少了许多。也许是处在一个陌生城市，一时模仿不了当地的语言，于是out的动作越来越少，in的需求扩大许多。看得见的、听得见的、尝得到的，无不用尽全身去感受。回到旅馆后，扭开电视转到哪一台都无所谓，荧幕播着西片，配上的是混着男声和女声的日语配音，一种异次元奇妙感让我逐渐漠视语言的发声。

就这样，电视荧幕上的光影持续替换，但影像之后的资讯是一点也无法输入到我的脑袋里。

旅途中有一回住进池袋之家民宿，这才像是把翻译软

池袋之家 House Ikebukuro
〒171-0014 东京都丰岛区池袋2-20-1
电话 +81-3-3984-3399
传真 +81-3-3984-3999
网站 www.housejp.com.tw
信箱 housejp@sepia.ocn.ne.jp

体装进电视盒子里，终于让我和这个世界对上频道。其实，不过是因为民宿装了小耳朵卫星，可以接收到台湾的电视节目，不管是新闻、谈话节目或是综艺节目，通通都听得懂了！

早晨出门前，走到一楼后方的厨房，也是主人和旅人们共用的餐厅，自助式的早餐可以在烤吐司的时候选择果酱或是奶油，饮水机的按键可以选择热开水泡茶包或是接上一杯热咖啡。配着即时的台湾晨间新闻，不知不觉中多吃了一份吐司。

像寻常南部大家族使用的大餐桌上，偶尔和池袋之家的老板娘对上几句闽南语夹杂的新闻评论。我们起身拉上椅子说声"回头见"，开始今日外出的旅程。

语言会拉近人与人的距离，也会带来孤寂。一个在日本经营民宿，只收日币现金的台湾人，在听着电视机响起熟悉的家乡话时，是否只能在如露水般存在的同乡旅人身上找到对故乡的思念？

# 走进迷人的书店风景

忘了我是什么时候开始着迷文字的。模糊的印象是家里客厅的壁柜上，排满的套书多是字比图多得多的精美印刷款，负责挑书的不知道是爸爸还是妈妈。当时用翻书和画画打发大人们午睡时间的我的童年，实在难以想象这些书从作者、编者、译者、出版社到读者之间，要经过哪些路程。

中学开始，每星期会有一些零用钱，等存到200元左右，我会到市场附近一家兼卖文具与图书的大众书局选一本漫画书，那时眼中的"书局"两字，意味着店内靠墙的那面柜子是该摆满各类图书（一柜食谱、美容、瘦身、命理书，三柜漫画，一柜中西方经典名著……），包括我最不想买的参考书。

大学时候，书是直接从校内图书馆借阅十五本到宿舍，书桌堆不下的通通放在床尾，左手一本右手一本交叉着看。

但我试想书的中继站，不是书局也不是图书馆，应该是"别的处所"。

直到跟着好友南西一起旅行日本时，才在每日每日悠闲又积极的书店风景中慢慢窥见"属于书的处所"。

那是台湾书业被大型连锁书店和网络书店一起分享出版销售的年代。现在，网络书店的销售量成了一种指标，多元化经营也在书店身上可以看到。让我想起儿时的书报摊——一个小小的亭子，也许还是木板搭建，里头塞进一人后就容不下另一人，亭子可以有三面窗，正面挂满了当日现送的各大报，也许还夹杂着让人圆梦的研究签牌数字的外报，窗台突出一块木板，放些口香糖之类的顺手零食，客人要来一罐津津芦笋汁或是养乐多都没问题，也许还兼卖槟榔、香烟什么的；当然要问路、换零钱、买车票也都在没问题的服务范围。

这是书店给人的印象，什么都齐全，要找书却老是不齐。

只能怪我找的多是很难卖出的书，于是乎，空间有限的店家只好把流转率低的书都给退了。

然而在京都、东京这完全不同的日本大城市里，要找到"我是独一无二的书店"，并不是困难的事情。在这里，和别人不一样，也不需要和别人一样，成了很自然的事情。

能找到专卖儿童绘本的，也有专营给大人看的绘本书店。去了几处，了解一件事情，想认识哪种背景的经营者，就去什么样的书店。

与其说他们在经营一家商店，不如说书店人在经营一个社群。

人生会有许多梦想去实践，但未必事事都能进展顺利，在日本旅行的途中，和那些有美好梦想的人相遇，也看见了许多"别的处所"真实的存在，经营困难的也有，但是乐在其中的更多。

旅途进行中，我所能纪录的可能不及他们每日实际应对的千分之一，我能做的只是尽力保留住第一次见面所看见的书店风景，那般的美好。

こどもの本

きりん館

10:30～7:00

火曜日 定休

只存在旅人回忆的书店——
京都长颈鹿儿童书店、
祇园书房

唯一找到能证明我到过祇园书房的，除了购买的书籍外，就只剩下这张在热闹的宵山活动中拍下的书房招牌。

长到一个岁数，在心里总是有些喜好与排名。不是为了评价，而是一种与时并进的情感，认识一家店，好像认识一个朋友，认识多久，情感就存在多久。

有的朋友久未联络，但是因为知道他始终在，即便是出国搬家，都还是一种 on 的状态。一但联络不上，便开始担忧各种可能，直到结果揭晓，心是放下了，但也带着一种无法重来的遗憾。

看见喜欢的书店，即使只是在旅途上第一次踏入，都会在心里长久地占了一个位置，即使再没有机会经过，还是会为它的消失而难过。

祇园书房

〒605-0074 京都市东山区祇园町南侧573 – 4（原址）

2006年10月闭店

きりん馆

〒606-8202 京都市左京区中大塚町157（原址）

2008年12月28日闭店

那一年夏天，在京都长颈鹿儿童书店，以及京都祇园书房，大概就是这样的情感。当然在相遇的时刻是无法预期分离的情景。

祇园祭是整个京都夏天最热闹的传统祭典活动，那几日在京都停留的旅客都感受到这千年之都热闹的一面，我们从晚上的活动会场离开，沿着古老的商店街屋檐下走，看到有趣的店铺就走进去。

我纯粹是因为店铺里摆满了书而踏入的。不是太特别的书店，但是柜台上摆了一个祇园祭典屋台（山锋）的模型，最显眼的区域摆满了以"京都"为主题的各类书籍和杂志。不识日文的我拿了几本翻着，拙劣的模样应该很快就被看穿吧！挑了一本图片较多的书至柜台结账，请店家帮我包覆印有店家资讯的牛皮纸作为书套。在日本处处可以感受到细致的体贴，但没想到这张充作书套的包装纸竟成了我到过这家已经消失的书店的直接证据。

想着，面对消失的事物，除了不太牢靠的记忆，还能怎么去凭吊。能够触到从店里带出来的一本书，或是店家亲手包裹的心意，便知道踏实两字是怎样的重量。

有时候价值会在淡淡的自怀着忧愁的夜里晕开来。

如果它还在，那么它在我的心里就是一个夏天夜里走进、停留过的书店。但是现在在那里的是其他的空间运用，它的历史被压在那些地板贴面之下，它的过去在每一个走进店里的客人回忆里。迎接未来当然是值得期待，窗明几净的落地玻璃、自动门开开关关……在我发现的时候，书店已经成了便利商店，一个服务对象多数是陌生的旅客，一个服务对象是在此地生活的居民，我是一个在深夜网海中搜寻到此则讯息的无关紧要人士，却也还是为了这个改变而感到一丝的无可奈何。

　　改变有很多的原因。现实，是一个很沉重的担子。

　　那个热衷于自助旅行的盛夏，从百万遍市集走出来，和南西聊着在市集里看到的画面，穿过马路，一位穿着长裙戴着宽沿帽的女士骑着淑女车经过人行道，清脆的车铃声还在耳边，骑车的身影已经移动到对面。

　　散步时聊天是尽兴的，除非另有引人注目的目标出现。譬如说这栋黄色的建筑，看见它的第一眼，我只能用一种食物来形容——乳酪，它是卡通里老鼠们最爱的那种造型十分完整的三角形块体。

　　粉红色的方块招牌灯"きりん馆·children's book"字样旁边是一只长颈鹿的剪影图样。店里书柜不太高，毕竟是儿童书店，除了卖书，也有一些益智积木等玩具。书店里除了有滚来滚去的小孩们，还有陪同的爸爸妈妈。以往在台湾书店的儿童书区陪伴小孩的多为女性，这可颠覆了我的印象。

整條街呈現出夏季祭典の風味，I Love it!!

我和 yao 到處逛，我想買一個山鉾車模型帶回來，
可是不便宜將近 2500羊。還是買不下，卻在祇園
書房買了二本書。哈！ 結果價錢還超過一台車。

KYOTO
MOSAIC

京都
/ スタルジック
散歩
なっかしいもの、たくさん見た。

青幻舎

本体価格1,200円＋税

誰叫我對好の印刷品没抵
抗力。

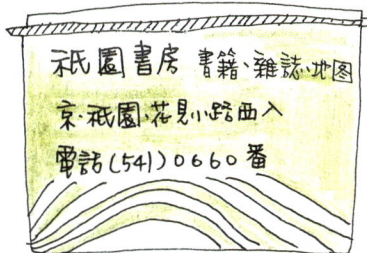

祇園書房 書籍、雜誌地圖
京·祇園花見小路曲入
電話(541)0660番

http://www.seigensha.com

きくちいま
KIKUCHI INA

わたしが
和の生活

かわいい、楽しい、あったかい！

和雜貨

本体1400円（税別）

在京·祇園書房裡看到好多書都想買。
yao 趁著我昏頭時到隔壁排什利園的
隊，貼心的傢伙，然後，我們到花
見小路上の地藏廟慶誠の拜拜～
希望接下來的行程很順利 。

http://www.imappage.net
河出書房新社 / きくちいま
菊池衣麻

きりん館是間小巧的兒童繪本書店。充滿笑聲。
可惜。只存在記憶裡。

察觉以往不以为意的细节，这就是旅行的意义。原来，陪伴小孩并不单是女性的责任，至少在京都的这家儿童书店里，看到爸爸蹲下来陪小孩阅读一本童书，我在小孩专注聆听的神情中看见父亲的角色。

きりん馆内十分地迷你，原来这样的空间大小也可以是一家书店。要穿拖鞋才能进入的小房间里也进行着亲子活动，由书店的店员带领着进行。我在高高低低的书柜上寻找可能感兴趣的图书。

《小王子》的拼图书是我在きりん馆的收获，回台后和其他的日文书刊战利品一起收在床底的整理柜里。两年后，在网络上再次搜寻きりん馆的资料才发现，这间小书店已经歇业。在日文网志上读到，きりん馆自20世纪70年代中开始经营，刚好是日本人口迅速增加的时期，到了2000年左右，日本生育率降低，这类的书店经营逐日出现困难。

踏进书店的人抱持的态度非常直接地左右了书店的生存。即使那日书店里有许多大人小孩，参与活动的人也不少，但对一家书店来说，书本销售才是最终的营收。

这样的体悟，也影响我面对独立书店、连锁书店和网络书店时的态度。

这些想法，是我旅行结束，回台湾接触独立书店两年之后才逐渐感受到的。

我的京都书房惠文社
以及
透露着幽默的萩书房

许多自助旅行者到了京都，会到这里来，然后描述着眼前所见的一切。也许我该这么写：

有些斑驳的蓝色油漆底下写着我看不懂的日文字。看不懂日文对我来说没有太大的阻碍，我喜欢从空间去接触，希望我们可以早点熟悉一个陌生环境。

它的外观大致是木头和玻璃组成，一个楼层店面，有两个入口，窗台上的玻璃有白色文字，以及点缀的绿意。还没到中午，透过窗子可见店内已有不少人，以及从书柜反射出的温暖褐色调。我走进惠文社，先见到一张摆了许多图书的大木桌，有只小熊坐镇其中。我用心底的相机为这个画面按下快门。

但，我的笔记本上只有短短的文字。

惠文社一乘寺店
keibunsha books

在惠文社遇见了"月光庄"的速写本，要当做拌手礼送给毕业后仍持续创作的朋友。

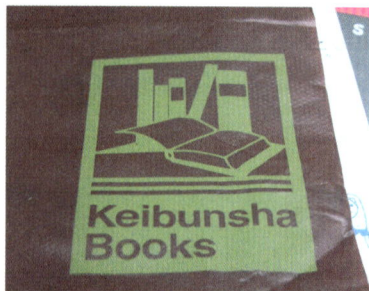

惠文社的购物包装袋。

　　"惠文社是我到日本进入的第一间书店，印象良好，虽不如台湾的各式连锁书店那般明亮，但实在有它独特的气质。让人想一直待在像这样子的书房里，蹲坐在一个小箱子上，摊开来，阅读它的生命。"

　　这些年，每走进一家新的独立书店，我就会不经意的想起这次旅行对我的影响。行程表某日的上午，写着"惠文社"三个字，只要晚一年去惠文社，也许我就不是现在的样子了。

　　或者说，我在惠文社看到书店的另一种样貌。

　　以书店来说，这里真的是充满会让人过度放松的暖色调光线。靠墙的书柜延伸到天花板，中央的分隔书柜落在不压迫的高度。我拿起一本杂货书翻了翻又放下，拿起一本食谱书翻了翻又放下，拿起一本绘本翻了翻又放下……

　　语言不通只有在阅读的时候才会造成隔阂，但是如果真的想要了解一个文化，语言未必是唯　可能的途径。

　　我在这里挑了两本"月光庄"的速写本。速写本封面有白色的"GEKKOSO"字和以白色号角图形搭配不同的封面底色。不管选择哪个颜色，都让人觉得"画图是一件受到赞美和鼓励的事情"。往店内另一侧移动，传来面包的香气，也有许多的厨房用品和生活布料杂货。

这是一间透着呼吸和生活感的书店。

那日离开惠文社时，我没有下手购买任何一本日文书，即使那次旅行后多次谈到自己有多喜爱惠文社，甚至私自把它称作我的"京都书房"，在我向它道别往前走时想着，只要再踏上京都就是再次来访的时刻。

过了这么多年以后，那日在惠文社探索似地漫步对我的影响也愈发显露。我揣想着把一家店当成生活空间经营的心情，店家和顾客间有着不仅买卖的供需关系，而且还有着更多其他的情感，在架上出现的书都有除了销售以外的存在理由。

那是在我还没认识"独立书店"的时期遇上了惠文社。让我见到一家以书店发展为目标的店铺，居然能以这么多元而自然的方式存在于非常静谧的区域。

我相信没有什么梦想是不值得去实践的。

实践的过程也许会有很多的关卡，但是努力的时刻，也要带着幽默。

书店内外由窗相互借景，也是一方美丽的风景。

**惠文社一乘寺店**

〒606-8184京都市左京区一乘寺払殿町10

（近一乘寺站）

电话 +81-75-711-8655

网站 www.keibunsha-books.com

信箱 order@keibunsha-books.com

营业时间 10：00~20：00（假日除外）

在惠文社一乘寺店附近，有一家古书店，立在门口可收起的木头三角店招上有显眼的幽默存在，让正在中午急于寻找用餐地点而经过的我们忍不住停下来研究。

招牌是一个穿着忍者服装的戴眼镜男子，做出一个极为夸张的动作，待我们进到不大的店里，看到走道尽头戴着眼镜在柜台专心看书的那位先生，马上联系门外店招上的图像，真的很像……

我买了《グリコのおまけ》（筑摩书房，1992年发行），虽是旧书，但保存得非常干净，里面刊载许多小玩具，例如小孩买的零食盒里头会附赠的塑胶玩具或是纸制模型，是一本古朴的盒玩图鉴。

的确是一本很适合从荻书房带走的书。

古書買入
# 萩書房
TEL: 712-9664

ℹ️ **萩书房一乗寺店**
〒606-8115 京都市左京区一乗寺里の西町
91-3( ロイヤルコーポ大同 1 F 中店铺 )
电话 +81-75-712-9664
网站 web.kyoto-inet.or.jp/people/kosho
信箱 kosho@mbox.kyoto-inet.or.jp

在ポポタム书廊
遇见
山川あかね的布偶世界

旅行中，偶有天气不好的时候，看着行程表的目的地，我们决定还是撑开雨伞踩着早就湿透的鞋子前进。抵达东京后，一连好多天都等不到好天气。为了抗拒从京都移动到东京后的心情适应不良，我们在每天早餐过后继续出发，在快要军心涣散前抵达一家小店，看见不同的生活、不同的理想被实践，我们在心底开出了一朵一朵坚韧的向日葵。

好天气或是坏天气都是老天爷给的，好心情或是坏心情，总得在一天结束之际才能总结出，旅行的回忆在离开后便开始发酵。一回想这隐身在两个车站间住宅区的儿童书店画廊，身体就自动感应到东京夏季潮湿的气候。当时，我们像是走在有如迷宫的巷道中，嗅着甜食的味道前进，自住宿的池袋之家出发，脚程约十分钟，

找到这家被我叫做"河马儿童书店"的"ポポタム书廊"。

　　书廊名片以及印章上的图样都有只屁股上站着一只鸟的大河马咬一本书。连早已不是小孩的我看了都会心一笑。ポポタム的经营者是一位罩了件工作围裙的男性，慈祥的面容像是疼爱小孩的父亲。室内不太大的空间，兼营儿童绘本销售以及画作，也销售手作杂货与玩具。

　　展览是独立在小房间里进行的。我们拜访时刚好有一个四人联展展出，其中我对山川茜（山川あかね）的作品印象特别深刻，几乎是一眼就被吸引住了。她在薄胚布上进行绘制，将布剪下缝制成布偶，这些布偶有不同的造型、图案和表情，却都张着人眼睛看着我。虽然他们只是塞满棉花的布偶，却好像能够看见我的内心。

我在那间小小的展览室一角来回踱步，无法抉择是否要把后面几天的餐费挪一些出来，把我最喜欢的一件作品带走……

　　南西在外头和老板聊天，也挑到想找的绘本，走进展览室看我这么烦恼，问了布偶价格后，劝我千万要放下。最后挑了一个用牙签、纸板和布片组成，只有六分之一价格的小玩具以及最喜欢的那只布偶的笔记本代替，撑着伞走在来时的小巷中，一步一步把遗憾踩进水花倒影中。

ⓘ
**ポポタム书廊**
〒171-0021 东京都丰岛区西池袋2-15-17
（JR目白站步行7分钟）
电话 +81-3-5952-0114
网站 www6.kiwi-us.com/~popotame/shop
信箱 popotame@kiwi.ne.jp
营业时间 12:00~19:00（周日、周一公休）

ブックギャラリーポポタム
東京都豊島区西池袋 2-15-7

下従池袋之家走過来約10分钟、在池袋和目白的中間

住宅区巷道中、

下雨天找

跑步的像

並不太難。店裡販售雜貨、本、

有一半的 space 是展区。

ちょうちょう
¥8,000

こぴよこにゃん

の玩具。

¥1,300

山川あかね
oha4685z326291f@
ezweb.ne.jp

1983年岐阜縣生まれ

企业化经营的
新古书店
BCOK OFF

BOOK·O      BOOK·O

　　这并不在旅行计划中，而是在看完展览，午餐后走到车站准备转车时，看见一间超大的BOOK OFF，我和南西对看一眼后，就决定过马路到对街去看看传说中在日本排行第一的连锁二手书店。

　　在荻洼车站对面的这一间，几乎是量销店面的规模，只是内容全是经过整理的二手书籍、影片或是唱片，并且有系统地分类上架，随便抽一件出来，也不会有破损或是脏污的情况。我心想，把一个人蒙上眼罩带进店里，取下眼罩后，告知这里是图书馆，应该也不会马上被识破吧!

　　在日本买新书，不管是在网络上，还是任何实体书店里购买，价格都是一样，只有当书本成为二手书时才会有折扣。但在所谓的古书店，书本的标价会因为各种因素

而变动，若是珍本，可能因为收藏者众多反使售价比原定价高上数倍。但在BOOK OFF，会先依书本的保存状况分类收购，再依书本定价作为买卖的参考值，又为有足够空间流通，超过三个月没卖出的书籍或同一商品库存超过五件，第六件起就会被移至一百日元专区。这样的经营方式让BOOK OFF被冠上了"新古书店"的称号。

我也在这里找到了喜欢的女歌手一青窈和坂本龙一的CD，和其他几本书况几乎全新的书籍杂志。

有许多人讨论BOOK OFF存在的优劣。回收书籍再售让资源循环，或因价格便宜而产生鼓励阅读作用，是完全切合消费者的需求。但这些自然影响传统书店的生意，甚至出现书店因图书被盗过于严重而倒闭的新闻，对于以收取版税为生的漫画家或作家来说，损失更胜。

仲偶也有"寫真集"。多達十五種的動物造型擬人偶放置在各種情境場景中，塑造出不同的角色性格，十分逗趣。
《ともだちのしゃしん》，1998

1997年卜力工作室推出《魔法公主》，小學館同年推出動畫紙上劇場故事本，除文字外，也搭配電影畫面的全彩插圖。
《もののけ姫》，1997

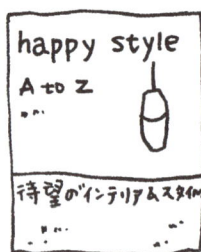

為了快樂生活而存在的style book，精選開頭A到Z的關鍵字和商品，有關風格、材質、設計理念等。

《happy style A to Z》，2000

BOOK OFF 荻洼北站口
〒东京都杉并区天沼3-3-3
电话 +81-3-5347-5098
网站 www.bookoff.co.jp
营业时间 10：00~24：00

BOOK OFF销售的书籍整理排列的秩序逻辑很清楚，在店里花一点时间就可以挖到不少宝。

　　台湾的图书出版业也面临许多问题。台湾每个月新书上市量可能是全球数一数二的，为了销售竞争，多数连锁书店或网络销售平台，在新书甫上市便降七九折。新书的寿命在这些折扣战场上越来越短命，不用一年的时间，读者在网络书店六六折优惠区就能"捡便宜"。"捡便宜的心理"或许就是图书销售制度改变的最大原因。对消费者来说，十年前的书本定价大概是现在的六七成，在折扣账面上看起来是捡到便宜了，但换算下可能不仅是价格数字的波动，而是整个出版书业和销售制度的健康体质问题。

神保町书街
以及一些关于
旧书摊、书街的记忆

神保町，本来出现在书里，后来出现在车站牌上，然后出现在我的照片和笔记本里，现在在我遥远的回忆里。

神保町在东京，以出版社和学校多而闻名，因而聚集许多书店以及古书店进驻。如果要能找到一条聚集这么多书店的街道，在我记忆中能说得上的，也只有1990年以前城里那条各种书店林立的重庆南路书街。

假日没事的高中生在中午吃过饭后，拿着公车票卡（吸入式打印乘车日期的那种磁卡）转两班公车进城去，进出一间又一间的书局、文化广场、书社，还有一叠一叠书很便宜卖的倒店书卖场。总是从街头走到街尾，一本书也没买，偶尔贡献了一些零用钱给路过的面包店或速食店。脑袋未因书本增长了知识，却好似沾染了书香气质也顺道练了走路的好体力，回到公车站等车再转两班车回家，刚好可以赶上餐桌的晚餐。

神保町 📖 半日游。天気陰涼無雨，略於啊啊！

買了本 自游人 的 神田神保町，315円。也許在日本買
書只有在古書屋裡才有折扣
這回事。2小時時間、買了
四本書花了約 2500円、划算！！

自遊人 神田神保町

矢口書店

2006. 3月刊 680円

どれで 1冊 500円

300円 コーナー

出版社の 新本です！！

しかけえほん 大日本絵画

水野英子の世界展 2006

矢口書店

新劇・喜劇・シナリオ・戯曲
映画・シナリオ
演劇・戯曲

矢口書店

長島書店

古賀書店

自遊人

神田本の街

神田神保町

happy style
A to Z

器の旅

在那个出版社不太多的年代，能被称为作家出版书籍的，通常都是经由文学奖或是杂志、报纸投稿等渠道一步步累积的。那是没有个人博客的时代。

行前反复翻着《神保町书虫》，端详一张张古书店空间插图，脑中浮现的是现已不存在的光华桥地下室的旧书阁。步入地下两三阶，左看右望，触目所及能够形容的大概就是"书香满室"。旧书的潮湿味夹杂夏日的汗臭味，作为隔间的木板墙面几乎被书架取代。从牯岭街时代后移植来的旧书和杂志，整套整套的武侠小说也排满整座墙室，二手电影专卖区摆出VHSc和Beta不同规格的录影带，隔壁就是卡带区，青少年最爱的日本漫画、海报或是电视游乐器卡匣也能找到。

放下书本，揉揉眼睛甩去脑中的想象。拿着车票出剪票口，和同行友人约中午用餐时间后就各自散步神保町，没有任何特定目的地和目标，手上捏着的是车站提供的神保町街道地图折页。

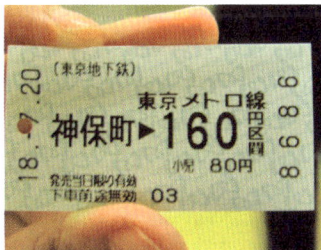

"未知"是旅行中最寻常的一部分。

有的店开在大楼里，有的在商场中，有的就在马路的转角。古书店的橱窗里不吝惜地展示收藏的珍品古书，在夹杂汉字的海报中我认出了"小津安二郎"的名字。目光移到那祯黑白人像照片上，若让这位日本导演拍一部以神保町为背景的电影，会安排多漫长的镜头拍摄这条街，会通过多细微的日常生活去呈现这条街的生活。

侯孝贤的《咖啡时光》有几幕符合我想象的空间节奏。

日籍演员浅野忠信饰演古书店老板肇，在导演镜头摇转中，书柜隔出的细长走道尽头，年轻的书店老板为作家阳子（一青窈饰）找到与她梦境情节类似的绘本《在那遥远的地方》（*Outsider over there*）（莫里斯·桑达克，1981年出版），翻开哥布林偷走爱达妹妹的那几页画面，镜头站在肇的背后，看出去的是一室干净的光线。泛黄老旧的书册平躺相叠，整齐摆在书柜格子里，就像所有过往的回忆，早已失去秩序和现在的人生断了联结，但是翻开了，会一直存在的便是那些怎么也放不下忘不了的。纯净的事物会一直在心中占一个角落，有些人在这样的画面里仿佛该要长久存在，如同打印在泛黄书页的铅字痕迹，不会随着时间而褪去。

古书店在新书出版量越来越大的现代，就像一只整齐放着旧书的柜子，总是收纳一本一本从不同人手上释出的字句纸张，然后等着被下一个需要的人携走。我们

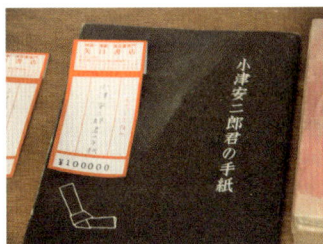

在橱窗看见小津安二郎的名字或是街角墙上一张破损不堪的《咖啡时光》的电影海报，都让我觉得自己是属于这里的。

在不同的过去追寻着难以描述的记忆，也在人人小小不同风格的古书店里找寻记忆中读过的、听说过的那一本书。寻找的本身也增加重量，却是我们乐于负荷的。

我在这里，爬楼梯或搭电梯走进小小的书室，赞叹着古书店主人的收藏。在街道转角的橱窗阅读着带有时代韵味的汉字招牌，我也融入这样的风景里，找到那些午后进出许多家书店的满足心情。

参考网站：
BOOK TOWN じんぼう | jimbou.info/index.html

菩萨在哪里——
访三十三间堂
京都博物馆

　　清水寺和三十三间堂在第一次旅行日本时参拜过。虽是几个朋友组成的自助旅行团，但是每天排的行程可也不少，除了我以外，其他三位都是理工科背景，甚或有按表操课，使用说明至上的情操，每个半天的行程至少要踏遍两个以上的世界文化遗产或是旅游重点。我的脱轨行径从第二天早上开始显露，在车站的Mister Donut 吃完甜甜圈后，随即就把刚到手的"Kansai Thru pass-3 days"公车卡和餐盘一起回收。那个早上的预定行程是参观三十三间堂和京都博物馆。搭上公车，下车前才发现票卡不见了，于是我就像是翻到一张命运牌——返回起点，回车站的旅客中心重新购买一张卡，再前去三十三间堂。

　　我始终习惯一个人看展览。即使和朋友同行，也会走快走慢地刻意区隔距离，我以为欣赏的行进是很个人的行为，实在无法共同行动，讨论时多少会打断思绪。原本以为遗失票卡是倒霉的事情，没想到却换来悠闲的半日。

　　"三十三"是一个规模单位，两根柱子隔出的空间就称为"间"。曾经在大学东亚艺术史的教材里查过几个日本重点文化遗产建筑，从中央图书馆印出的英文资料上的照片，就在眼前。独自一人步入这年老的木建筑，心灵的烦躁因为空间改变而转换了，木造暗室中，千尊观音立像在前，时光停止在行列间。木头被工匠们雕刻成佛像后，以这样的姿态存在着。把每日的时光压缩快转，光线的移动、人的移动，相对这座穿越百千年、历经大火重建的建筑，都是轻盈的。

　　在三十三间堂，我注视着放在案头上的一千零三十三尊观音像，在京都博物馆也看着住在玻璃柜里头的国宝级佛像。

　　信仰虔诚的人辨识观音、菩萨、罗汉的方法是口耳相传，是以文字或是语言说明而理解，带有情感与依附性；而通过艺术认知，是经由分析对象之手印、持物、面貌等客观特征，辨识出观音、菩萨、罗汉的名号。

　　我的身份是两者交杂，快步绕行一圈后，我站在雷神像前快速描绘。

　　离开前，我拿着笔记本请寺里的神职人员帮我在其中一页写下御朱印。我的笔记本和一般的纳经帖尺寸类似，他往前翻了翻，看到我沿途的笔记手札，称赞了一下，在下笔时好像更加专注，写了一张漂亮的朱印。

**莲华王院 三十三间堂**
〒605-0941 京都市东山区三十三间堂回町657
（乘市巴士"博物馆三十三间堂前"下车）
电话 +81-75-561-0467
开放时间 8：00~17：00
（11月16日-3月31日开放时间9：00~15：30）
参拜费 成人600日元
网站 www.sanjusangendo.jp

**京都博物馆**
〒605-0941 京都市东山区茶屋町527
（乘市巴士"博物馆三十三间堂前"下车）
电话 +81-75-531-7509
开放时间 9：00~16：30
（4-11月周五开放到20：00）星期一休息。
门票 成人420日元
网站 www.kyohaku.go.jp/jp/index_top.html

　　三十三间堂的对面就是京都博物馆，我在一楼展室一直看着五智如来坐像，想着一个不太复杂的问题：这些塑像本来在宗教寺庙空间中，提供信仰投射以及庇护，在各种原因之下，被尊移置放于博物馆，来到面前的我拿着的是画笔而非供香，我进行视察摹写而非膜拜，对照着立像的手印来确立角色。

　　说明牌写着"奈良以来の正统な表现の伝统"，这是历史风格分析。"平安时代前期，安祥寺"，这是作品时代以及原出处。脑中想着，平安时代奉在安祥寺的如来和现在尊立在京都博物馆的如来有何不同呢？

　　身旁不知何时走进一位身段优雅的老太太，我走出展室时看着她的背影伫立许久，不知道是否正向着这尊玻璃柜里的如来虔诚祈求？

浅草寺・人形烧・小吉

三鳩堂的人形烧有幾種不同的造型，小鳥是我最喜歡的。

　　离开日本前住的背包客旅舍在藏前车站附近，走路便能到浅草寺。最后一个早上，用过早餐后，我们悠闲地穿过雷门的红灯笼，仲见世通的商店街也早早准备迎接客人上门。

　　寺庙或名胜景点周边，小摊商铺如空气般自然的存在是一定的。走近三鸠堂买了一个小鸟人形烧，热热的鸡蛋糕口感绵密，排队人潮没有因盛暑而减少。人形烧有各种造型，浅草雷门、七福神、可爱动物、五重塔等，基本原料一样，端看站台的师傅控火功力如何。和人形烧并列浅草三大名物的雷门、五重塔中，只有人形烧是需要消费的，但让事物有价值的关键在质而非量。

在台湾旅游区，常常是人还没走到，相同的油腻味道就已经到了眼前，炸食小点冒着热烟，汤汤水水一瓢又一瓢地舀入保丽龙餐具，搅着碎冰块的冷饮充满萤光颜色让吸管也比不过。我们常感慨，台湾的老街走着走着好像串成同一条，贩卖相同的食物、与地区不相干的粗糙手工艺，于是观光客们在三峡老街吃到九份芋圆，在九份吃到深坑豆腐，再到深坑买金山花生酥……

无差别的老街，让人找不到分辨的可能性，相当可惜。

离开浅草寺后就要准备去机场了，诚心地求了一只签，没特别为了什么样的愿望，只是要感谢上天，在这趟旅途中出现一些小插曲，但是一切都算平安顺利。期望接下来的日子，也如签上的文字一样，小小平顺。

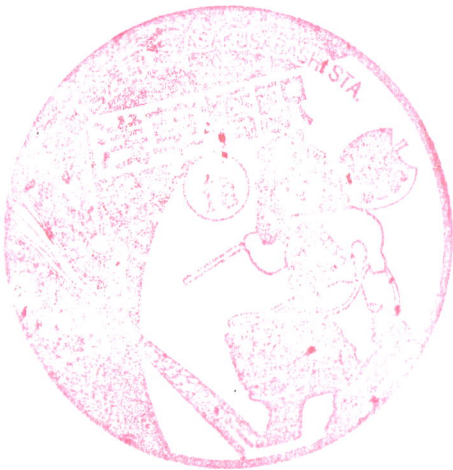

浅

身の行いが道
ず成功するで

けれども最初
が多いことで

その後、望む
って来るでし

先の災事もや
来るでしょう

If your deed m
If your deed is
Wealth and for
Difficulties wil

*If you are righte
found. *The perso
both good. *It is g

お籤の習俗は
百番のお籤とな
がり、庶民向け
観音籤には
吉・大吉の7種類
な態度をとれば
しましょう　ま
すことで、吉に
観音籤を結んで

金龙山浅草寺
〒 111–0032 东京都台东区浅草 2–3–1
电话 +81–3–3842–0181
开放时间 6：00~17：00（10月–3月 6：30~17：00）
网站 www.senso–ji.jp

## 寺 観 音 籤

### 八十一 小吉

顧望：正しい心を持てば叶う でしょう。

病気：治るでしょう。

失物：出てくるでしょう。

待ち人：現れるでしょう。

新築 転居：良いでしょう。

旅行：良いでしょう。

結婚 付き合い：良い

**81 SMALL FORTUNE**

the heaven, everything in your life will be successful.

ng that you worry about will change to be good.

will come to you as you desire.

ess and you will be prosperous.

e realized. *The patient will get well. *The lost article will be
or will come soon. *Building a new horse and enlarging are
*Marriage and hiring a new employee are all good.

寺観音籤」の由来と心得

り伝えられ、比叡山において、日本独特の吉凶を占う
関西方面で広まりましたが、江戸時代には関東にも広
の「浅草寺観音籤」となりました。

り、その吉凶判断には凶・末吉・半吉・小吉・末小
中、大吉が出たからといって油断をしたり、また高慢
もあります。謙虚で柔和な気持で人々に接するように
おそれ」ることなく、辛抱強さをもって誠実に過ご
た人は観音様のご加護を願い、境内の指定場所にこの
てください。

金龍山 浅草寺

---

### 第 八 十 一 小 吉

道合須成合 みち がつーて すべからく トヲ どう すべー
身のおこなひ天道にか なひたらば、よろづとよう ですべきなり

先憂事更多 まづ うれふる こと さらに おほー
はトめられたら身も よきこと、人ずるなり これも道にかなふたいよ

所求財寶盛 もとむる ところ ざい ほう さかんなり
もとむるところのざい ほう心のまゝにあつま り来るなり

更變得中和 さらに へんじて ちう くわする とも えたり
わざわひもさいわひと へんじて、はんくわう するなり

○ぐわん もと心正ーければ叶ふべー ○病人本ぶくぎべー ○うせもの レづべー ○まち人きたる ○やまくり、わたまーよー ○たびだちよー

○よめどり むことり、人とふ人べるよー

温柔的力量——
ちひろ美术馆・东京

ちひろ美術館中庭的花園有一排造型可愛的
小朋友的木頭椅子，沒有人坐的時候變成
一幅可愛的風景。

　　下课时间，几个小女生围着一张桌子对着邮购本欣赏着最新一期的商品，邮购商品里不外是些小卡、贴纸、信纸等等，印着卡通图案或是少女们喜欢的烂漫风格。已经找不到当时年纪小、乱花零用钱的证据，但是在南西的安排下，我们到东京井上车站附近的知弘·东京展览馆拜访参观。从车站出来步行前往展览馆的路途上，社区公共空间的视觉图像也融入岩崎知弘（いわさきちひろ）的儿童插画，当做社区看板或是展览馆的展览通告，散步其中让人以为是这个美术馆造了一座小镇。

　　东京的ちひろ美术馆在花园里，红色的建筑被花草树木包围着，里头的温度应该比外面低。买门票进入，经过一条扩增依附在主建筑外的长走道，一旁的落地窗户外是刚才经过的花园绿意，按下通道的自动门，进入展区。

　　如果时间足够，坐在户外座位区和老奶奶一块分享阳光，时光也会变得迷人。

这里的环境和岩崎知弘的作品一样有如冬天的初阳，传递温暖却不矫情，铅笔线条和色彩很舒服地停留在画纸上，空白之处让画面有呼吸感与节奏感。

她的作品在传达拯救儿童与世界和平。一开始画油画还因为画风太过柔和而受批评，后来开始与儿童杂志合作封面，以孩童为主题的创作成为她的特色。经历过战争，让她更了解和平的意义，曾经描绘战火下的儿童，表达对美军全面袭击越南的关注，以绘本形式对儿童解说日本宪法第九条，主要内容包括放弃战争、不维持武力、不拥有宣战权。

东京的展览馆是以岩崎知弘生前故居扩建，展览空间也保留她使用的书房。我站在书房前，笔记本摊平的全新页面上用线条重现书桌、椅子、沙发、桌上的画纸、水彩调色盘、订制的画笔架……想象她在这里创作的时光，也许夏天听到蝉声，夜里雨声滴答滴答响，电风扇马达嘎啦嘎啦地转着叶片。创作者的时光被注入作品，人们在阅读欣赏时总要揣想创作是在什么环境下完成的。我尝试用眼睛刻入脑海，是想要猜想这些器物摆放的意图，小瓷盘的颜料和时间共存，椅垫上的皮面已经磨至纹路渐消，创作者需要投入大把时间、大把情感，才能转换成一笔色彩或一句文词落下。

岩崎知弘的書房大桌上擺滿
作畫的用具和資料，充滿溫
柔的畫作，就是在這裡誕生的。

喜欢岩崎知弘女士笔下的儿童：背着书包戴着黄色的学童帽，穿雨鞋撑一把红伞淘气地踩水前进，或是趴坐在地板上，被前方有趣事物所吸引透出好奇的表情，在花间嬉戏的孩童露出无忧的脸庞。铅笔线条自然呈现柔软笔触，搭配水彩晕染上色，总是透着温柔与关爱，心中不由地把孩子和希望联想在一起。岩崎知弘女士希望用创作为儿童注入力量和希望，在他们长大后，绘本的力量会留在心中，当他们遇到艰难痛苦时能够想起这些温柔的力量，渡过苦厄。

要说ちひろ美术馆是个家庭美术馆也不为过，馆内贴心设置哺乳室，楼上图书室除了收集、展示与岩崎知弘相关的出版品外，对面就是儿童室。图书室角落书柜上放置参观者的留言本，翻开看着各国访客的细语，只有儿童的笑声不分言语地传进耳里。穿过展间，楼下的咖啡室飘着香味。

馆内不定期举行其他绘本画家的原作展，这天看到的是已逝绘本作家长新太的作品展。

一开始我对长新太的作品印象是一只瘦弱的狮子，这只狮子也出现在神保町的一家儿童专门绘本馆的绘本互动影像装置里。在ちひろ美术馆时，小孩们被作品上鲜艳的颜色和逗趣的图画吸引，我则是被其中的《长新太のチチンプイプイ旅行》吸引。该书用漫画的手法画着长途旅行的日记。虽然看不懂日文，却还是能够理解旅行中的趣味来自那些不同于日常生活的眼界。

　　不管是长新太作品中的幽默趣味，还是岩崎知弘绘画中的温柔，每个人都有自己想要走的路，每个创作者都有想要达成的目标，那么我的呢？日常生活很迷人，移动的风景却又紧抓着我的目光不放。该怎么向世人说出我的创作主张，是我从现在开始要好好思考的。

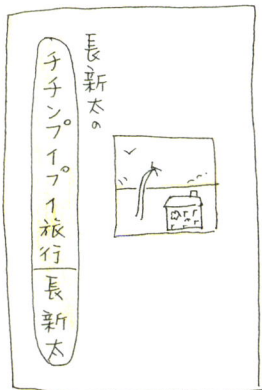

ちひろ美术馆．东京

〒177-0042 日本东京都练马区下石神井 4-7-2

（西武新宿线上井草站下车徒步 7 分钟）

电话　+81-3-3995-0772

开馆时间　10：00~17：00 周一休馆

门票　成人 800 日元，高中以下免费

网站　www.chihiro.jp/tokyo

搭上龙猫巴士
前往吉卜力美术馆

吉卜力博物馆建築外觀

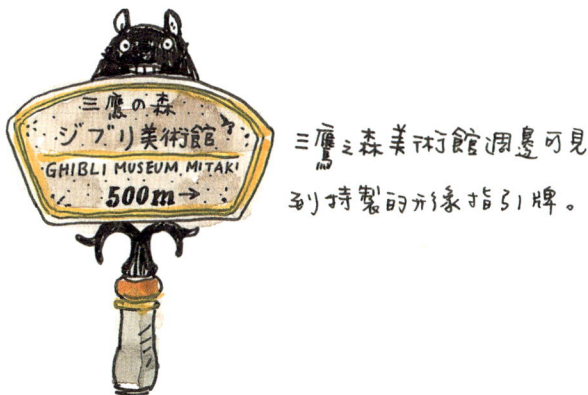

三鷹之森美術館周邊可見到特製的形象指引牌。

　　东京行程的安排是麻烦好友南西处理的，我只列了两个一定要去朝圣的地方，一是其中有一座仿艺术家奈良美智工作室小木屋的 A to Z cafe，另一个就是三鹰车站附近的吉卜力美术馆。

　　在车站的南边出口有接驳公车前往，天气好时也可以步行十多分钟抵达。

　　吉卜力美术馆参观券的发售控制了每日的参观人数，出发前先上官网查询余券状况。我们事先在台湾通过旅行社购买指定日期的预约券，在开放时间前抵达馆区，和南西在旁边的杂货店带了两个御饭团当做早餐。

　　整座园区分成几个部分，主要功能还是在动画教育、吉卜力的作品展示、土星剧场的短片播映方面，还有不定期更新的特展区。票价的设定针对不同年龄层分成五种，最高 1,000 日元，最低 0 元。

馆内规定不能拍照，希望参观者可以通过自己的眼睛把这个世界收进回忆里。我比其他人幸运，还能用画笔稍加记录。走进吉卜力美术馆，花了一点时间适应，才终能细细观察各处设计的巧思。譬如入口小厅的天花板上有个太阳脸，每道门廊上方都有不同的动画角色玻璃画。厕所前不断有游客进进出出，原来里头的水龙头把手也带着小惊喜。

每隔两小时，入口处就会再开放让游客进入，所以参观动线上唯一的要求就是要顺向前进，避免造成前段的展区塞住。我和南西观看的点不同，进入后就各自参观，等到土星剧场（Saturn Theater）的播放时间前再会合入场。

吉卜力的长片制作耗费了庞大的资金和人力，主题设定还是以能获得高票房为主要目标。短片类的作品则会让新人团队参与制作，只在吉卜力美术馆里的土星剧场播映，历年短片也会出版绘本，供影迷收藏。当日在土星剧场播映的是《买下星星的日子》（星をかった日，2006年1月开始播映，片长16分钟，改编自井上直久作品《イバラード》）。影片讲述一个少年离开家乡到一处农场劳动耕作。有一天，来了两个人，想以星星的种子和他们交换农作物。少年把种子种下，星星一天天长大，变成了一颗小行星，跟随着少年。一天，家乡的警察找到少年，要把他带回去，他只得跟自己的小行星分别……

入口大廳的上方有個凹洞、太陽在 smile、

從國中開始看宮崎駿的動畫、非常非常喜歡!!

終於有一日  可以帶著朝聖的心情來參拜。

而且、館內 有許多的設施可以瞭解一

部動畫片 是如何做出來的。

擺台上方的太陽▶

在工作室の房間裡、有好多桶

用到剩下5公分左右的鉛筆...

大根爺"     無臉男

~噢~
沒錯　動畫腳本書好大一疊、

還有宮崎 一喵 駿老 伯更在

工作室人員 在趕搞的更画。

展館入口上方
的玻璃屋、

—呵

现场播放时，没有中文字幕，配音自然也是日文，反而更加专注欣赏画面的细节。我好像回到还不识字的年纪，翻着童话书绘本，故事在一幕一幕的画面中组合起来。

土星剧场的作品除了片长较短外，制作模式和在电影院播放的长片一样，以传统手绘方式制作。2002年剧场推出13分43秒的《小梅与龙猫巴士》（めいとこねこバス）短片，算是《龙猫》作品的番外篇，串联约15,000张的画面制作，呈现了相当细腻的视觉效果。

因为自己是学画的，对于放置手稿的制作工作室——"电影开始的地方"（Where a Film is Born）感兴趣，在里头流连许久。每看到一张细节图，或是任何一个我可以辨认出来的动画场景，都只能带着感动静默地观看。房间里的工作桌靠墙摆放，墙壁上贴满影像分镜脚本图，铅笔线条的初稿、画面背景构成、角色动作的定稿，或是标上光影、颜色、镜头秒数的纸本。大桌子上除了绘制范围以外尽是书籍、纸张，乱中有序地排放着，橡皮擦、铅笔、水彩或色铅笔等用具摆在作战位置上，桌上还有一个装满黄色铅笔的玻璃瓶，每一根的长度都短于手指头。

在博物馆内有許多座這樣的玻璃櫃，在放著各部動畫作品的原畫作。堆成一座影像的小山丘，眼前是個令人讚歎的小宇宙呼！！

天空之城的機器人在博物館的
頂樓。非常的巨大。

不用任何展示说明，看见的人都明白，吉卜力的动画是手的艺术。任何人走进这个空间都会产生一种情愫，彷佛靠近一个精彩故事的核心，走到一个大成就的幕后。艺术家工作室的重现，让观众、读者和吉卜力更加接近。

建筑园区的设计，在不大的空间中让所有人如迷路的孩子般探索着。在没有预期的转角发现了下楼的空间，而后又循着旋转梯攀架而上。一如宫崎骏的作品世界在天马行空中带着我们关心人类社会中被忽视的问题。随着吉卜力工作室的动画作品一部一部地推出，馆内也逐年新增一些动画作品的场景，下次再到东京，一定要更仔细地看看"电影开始的地方"。

一宫崎骏さん

吉卜力美术馆｜GHIBLI MUSEUM｜三鷹の森ジブリ美術館
〒181-0013 东京都三鹰市下连雀 1 丁目 1-83
（都立井の头恩赐公园西园内）
电话 +81-570-055777
入场时间 10:00~18:00，周二休馆
（每二小时开放一次，每次开放三十分钟入场。最终开放入场时间为 16:00~16:30）
入场费 大学以上 1000 日元、中学 700 日元、小学 400 日元、
四岁以上幼儿 100 日元、四岁以下免费。
网站 www.ghibli-museum.jp

三鷹の森 ジブリ美術館・BUY・BOOK

となりのトトロ

《龍貓》龐大的身軀遮過
一把雨傘一起等去車的經
典畫面,停在記憶中,屬於
童年的回憶。
《となりのトトロ》,2001

ハウルの動く城

移動的城堡,小助理會變成
小老頭,坐在椅子上融化的
霍爾,變成老太太的蘇菲。許
多角色都好有故事性!
《ハウルの動く城》,2005

千と千尋の神隠し

被取走名字的少女,在湯屋裡
等待救出父母的機會,和無
臉男,以及河神的真誠相
待,搭上電車拿著單程車票,
也完成任務。
《千と千尋の神隱》,2001

奈良線

平等院

宇治駅

JR西日本

雨后的宇治，
湿透的风景

歴史街道のまち宇治

宇治橋通商店街

出门前往宇治的路上还是晴天，从通圆茶屋出来后开始飘起细雨，午餐后傍晚前是我们各自 free 的行程，南西想去平等院，还预约了茶室体验，还有一家小小的儿童绘本书店等着她。我摊开从车站拿的观光地图，离这不远的"源氏物语ミュージアム"是个不错的选择，我打算一个人慢慢散步过去。

很喜欢这样的旅行方式。选对旅伴，已经达到50%的完美，享受着旅途中发生的任何事情，用一种生平从未有过的极度洒脱、放松的状态去面对每一件事情的发生，因为旅行可以是一件再单纯不过的事，在移动中尝遍文化的美果，一再地和自己过去的经验对照，相同或差异，在不同文化面前不言而喻。每天出发后分成 A 路队和 B 路队，有各自的目标要完成，我总是把期盼兴奋的心情装在包包里，和一瓶水、一点点的饼干、相机、笔记本放在 起，和过去累积生成的我 起完成每回的探险。

在宇治川水边就看见着和服、露额长发的紫式部雕像，在商店街口也能看见以《源氏物语》角色做的男女立牌横在入口处成一个拱门指标。城市的营销还是得从有历史、能说故事的文化着手。

源氏物语博物馆在一小段上坡路的尽头，沿途路过的民宅区一片宁静无扰。

博物馆主要展览主题是日本文学《源氏物语》，文本来自日本女性作家紫式部写于一千多年前的长篇小说，内含五十余帖，以日本平安时代出场人物为名，故事内容是以皇嗣光源氏以及与他有关的女性角色所铺陈的故事，分为三部，其中第三部描写的是光源氏死后其后代的爱情故事。而最后十卷(桥姬、柯根、总角、早蕨、寄生、东亭、浮舟、蜉蝣、习字、梦浮桥)故事的发展舞台在京都和宇治地区，合称"宇治十帖"。以单一文学作品为主题统展形成的博物馆，在台湾十分少见。虽然台湾在1998年设立台湾文学馆，但是没有针对单一文学作品或是单一作家的作品设立的"国营"文学博物馆，倒是位于高雄美浓的钟理和文学纪念馆和源氏物语博物馆性质较为相近。

远离山脚下的车站，依稀听到火车过轨道的声响渐行渐弱。沿路的指标清楚地标示距离博物馆不远，但是要接近日本的古典文学作品，对我来说算是有些遥远。在浅薄的记忆中搜寻与《源氏物语》有关的字句，唯一跳出的是个人名——林文月。念书时，高中中文课本里收过林文月教授的一篇文章《苍蝇与我》，当时对她能将这不讨喜甚至在生活中极易忽略的主题，写至如此生动感到敬佩。美丽的中文老师特别介绍林文月教授非常知名的是她翻译了许多日本的古典文学作品，例如:《源氏物语》、《伊氏物语》、《枕草子》等。我实在是个日本古典文学的门外汉，这绝不是谦称。这些日本文学，至今除了书名以外，我概然印象全无。

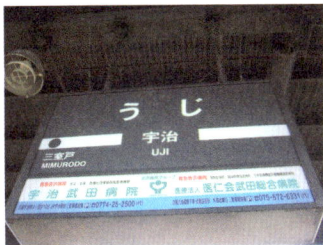

我沿着指示很快地找到博物馆，利用车站旁的游客中心提供的优惠券买了折价的门票进入。在柜台租借视听中心播放影片的中文语音翻译，博物馆员热心地指引我播放室位置，并提醒我要准时。

　　我沿着展室慢慢欣赏，以文学作品为主轴，博物馆要怎么发挥其典藏与展示的功能？从平安时代流传下来的物语，本身就是以物托情。而故事发展绵长，不论是时序或是登场人物数量之众，能同时展现人物及故事背景舞台的绘卷形式，用来说故事是最好的方式。

　　日本绘画风格，自六世纪以后跟随中国吴道子的"吴带当风"飘逸若舞的人物风格，往下至奈良时代则受唐朝人物画中华丽健美的体型影响。到了平安时代，唐绘被大和绘取代，因为绘画的用途已经从宗教活动延伸到民居生活，大和绘原先就是画在屏风、纸门上的装饰，绘卷在平安后期逐渐形成新风格，适合用来表现日本风土人情的主题，例如物语、历史作品等。

源氏物语博物馆的门票上就印着馆内展出屏风绘的其中一幕。

欣赏绘卷可以看见绘画、书法、装帧等技法，绘卷在画面上图文并重。《源氏物语》以故事分割，每帖取一至三个画面描写，鲜明浓艳的颜色表现人物，由上而下的俯视角度描写场景。展场中除了绘卷，还有以剧场舞台概念做出贵族生活的起居空间，有光源氏的六条院模型、著十二单和服的女官人偶，以及其他贵族日常游戏的摆设。

正当我就着橱窗描写人偶之时，博物馆员急忙地跑来提醒我，影片播放要开始了。《浮舟》片长约二十分钟，是以人偶动画配上电脑影像编制完成，宇治对这些男人来说有如安置情人的后花园，在掩藏的秘密中，女人被纠缠地困惑、迷惘着。如果不了解《源氏物语》的故事，花一点时间看馆方制作的影片，大概可以明白故事中的男女地位以及相互关系。

五十二、
蜻蛉（かげろう）

薫、匂宮の二人の男性の間で浮舟の気持ちは揺れ動き、とうとう宇治川に身をなげます。でも、宇治に来ていた比叡山横川の高僧に救われます。

走出博物馆，选择和来时不同的路，我循着铁道火车声，回到川边。南西早已在原处等候我。肚子已经抵挡不了中午只吃冷面和甜点带来的饥饿，我从包包里拿出早上做的三明治，南西拿出切好的苹果，我们沿阶而卜走到川边桥下，不远处铁道桥上正有一列绿色电车驶过，即使只是三明治和白开水，还是在河边有了野餐的伪文青感。还没解决掉三明治，雨滴不客气地从山的那端急速地移动过来，虽然在桥下能避雨，但是我们仍然开始担心，万一溪水暴涨……可能就一路把我们送回台湾了。

眼前唯一能提供遮雨的，恐怕只有雕像旁的公厕，抓着包包外套一鼓作气冲上达阵，美丽的公厕挤满了大人、小孩，白人、黄人、黑人。上辈子，这一群人一定一块做了什么事，现在才会一起被困在这场大雨中。雨中的宇治如今是见识到了。雨水如同河水般清澈，淅沥的雨声谱成一首插曲，旅行中无须畏惧天气的变化，我开始学习接受大自然的礼物。

雨持续下了二十分钟好像不情愿似地终于变小，我们迎着微风细雨走回车站月台，鞋子早就湿透，下半身也没能顾全。速写本翻开全新的一页，我面向电车来的方向，专心地记下眼前的风景、屋篱、电线杆、等候的座位，还有宇治车站月台。

这是我的，"雨后的宇治，湿透的风景"。

雨後のうじ、澄透的風景。————

源氏物语博物馆 | The Tale of GENJI Museum
源氏物语ミュージアム
〒611-0021 京都市宇治市宇治东内45-26
电话 +81-774-39-9300
开馆时间 09:00~17:00 ( 周一休馆、12/28-1/3休馆 )
门票 成人500日元
网站 www.uji-genji.jp

忘不了的夏日祭典
祇园祭、宵山

即使是第二年来观赏祇园祭典，还是没把握能找到最佳的观赏地点。"跟着人群走吧！"出发前南西特地拿着地图询问旅舍柜台工作人员，他拿笔圈出京都市役所车站出口的街角，"在街角观察车队如何转弯，可以看出商队的默契和技术哟！"

记得第一年到祭典会场时，被接近两层楼高的山锌（やまほこ）给震摄了。群众很有秩序地让出一条道路，即使要撑伞、摇扇、拭汗，大家还是兴致高昂地参加祭典。最好的观赏位置排了一区座席，穿着正式服装的日本人拿着票券入席，看见支持的商队缓缓前进时，跟着山锌车上的鼓声一起高举双手摆动着。

祇园祭主要巡行的时间是七月十七日，在此之前会有宵山活动。严格来说，整个七月，来到京都都可以感受到浓厚的祭典气氛，从七月一日到七月二十一日，有各种的献祭或侍奉纳活动。观光客从关西空港开始到京都车站，到处听得到祭典的乐音，电车上也换上祇园祭广告，百货公司的橱窗商品是充满祭典风味的和服浴衣。

大叔建議我們直接到九条駅搭 subway 到 京都市役所前駅·
因為那兒是丁 cross ，可以看到山鉾高起的轉彎技術…

雖然雨從沒停過…但觀山鉾的人潮

似乎一柔也不受影响、大家撐傘、穿雨衣期
待著這丁 Festival 。同住 J-HOPPERS 的住客

們也多是為祇園祭而来的!!

中午回到 Kyoto Sat. 決

定以 mister Donut 来安慰

不能去箱根の沮喪心情、(京都駅 2F)

2006 夏季
限定·

抹茶馬芬·

Cafe Du Monde
CAFE & BEIGNETS

從此,我知道,要從挫折中活渦来、需要食物和充分的休息。
下雨天,讓旅人愈顯疲累。但,第三天的京都已經讓我們
習慣這城市的一切·巴士、地鐵·商店街、會印在旅行的記憶
中·乘載在這一世中。

宵山活动中，小舞台上随时都有精彩的演出，表演结束后人员下台，留下无人的舞台也是种趣味。

阪電
四条駅
KEIHAN SHIJO STA.

祇園祭在每年的7月17日，是京都夏季最大的祭典。祭典巡行前三天有「前夜祭」，分别是「宵宵宵山」（三天前）（7/14）、「宵宵山」（二天前）（7/15）、「宵山」（一天前）（7/16）。四条通和鳥丸通在这三晚會交管，步行進入可見到各山鉾町的屏風祭，沿街于道也會有臨時表演舞台，等著表演者登場！！

前一天从宇治回来，八坂神社前已经封路迎接整晚的宵山。三三两两的行人恣意走在大街上，两旁的商铺挂上灯笼，每隔一小段距离就有屋台的搭建，可以赶在祇园祭前更靠近欣赏山铮的华丽装饰。祇园祭前连续三晚，走在无车的四条通上，到处充斥着热闹气氛，在人群骚动中，临时搭建的小舞台亮起镁光灯，表演的团体也走进早就摆好的传统鼓阵，主持人高亢的声音吸引了群众围观。往下走一段路又是另一个舞台，接力赛似的。接在鼓阵表演之后，穿着华丽登台服装的歌手拿着麦克风唱着日本传统歌谣，上了年纪的老人家跟着轻手打拍。店铺或临时小贩也在灯笼下卖弄夏夜祭典风情，热闹程度可比台湾的庙口夜市，热闹的言语透露着期待祭典的到来。

祇园祭是日本三大祭典，起于平安时代（约公元869年），因为病疫爆发，居民请出八坂神社的主神在京都内巡绕，祈求消除瘟疫，于是这个夏日的传统祭典就流传至今，演变成京都各区分别设计一个山铮参加巡游，每台山铮会有一个称号，依照事先抽签排定的顺序出发，由长刀铮为首出发，绕行口字形路线。每座台车上有着传统服饰演奏祭典乐器的乐手，长刀铮上会有一位化妆并穿着华丽服饰的小孩带领祈福。车队前方和两侧人员负责指挥调度，尤其在转弯时要将竹片铺在大车轮下，由许多人员紧抓麻绳奋力拉动台车进入九十度的转弯道。庞大高耸的台车要顺利转弯，真的是考验全员的默契，台车上最前端有一排人员一只手拉住从顶垂下的绳索，另一只手持着摇扇，齐声喊出口号作为指挥。

狗狗布偶也廉景穿上浴衣!
↑

おこしやす。
Welcome! 환영합니다 ; Bienvenidos !
八坂神社参道　祇園商店街振興組合

祇園商店街的形象招牌·当然要用上藝妓！

　　站在远处的我们也心系其中，深怕有所闪失地屏气凝神关注着。每一个转弯处都是极大的挑战，战斗的心情被鼓声挑动着。连看两年的京都祇园祭，在祭典中我只是个外国人，但是在当下奇妙地产生"我也是这里的一份子"那种内心悸动的错觉，让人完全融入现场的气氛。

　　我第一次参观祭典是在高温三十七度的艳阳天底下站了一小时，在中暑前离开时还眼巴巴地望着下一支队伍。隔年因为连日阴雨，凉爽多了，但大雨总是毫不客气地下在白日，巡行的会场也还是挤满了人潮，撑伞或穿雨衣在大雨中继续欣赏照常举行的祭典，只是山锌罩了超级大的雨衣，车队随侍人员在传统服饰外罩了蓑衣，依旧踩着木屐前进。

　　看着他们不畏艰难地往目标努力，酷暑或大雨都无法阻挡，我也该把旅途中不顺心的小阻碍给卸下，继续往明天迈进！

　　南西转过头来看我，"那么，我们回车站楼上吃点甜食转换心情吧！"好的，没问题，你今天想吃多少甜甜圈，我都请你！

旅途上的
朝食与夕食

日本旅行的每一天，早上离开旅馆前与晚上返回旅馆后，都有一件事情等着完成。

那就是坐下来好好吃饭。

## 朝食

第一次到日本旅行时住商务旅馆，每天早餐供应时间，小小的咖啡厅边桌摆满厨房准备的手捏饭团、味噌汤、腌渍酱瓜。住客可以自由拿取，也提供咖啡机、红茶包，还有昆布茶。第二次回到日本，舍弃商务旅馆选择较便宜的民宿和背包客旅店，虽没有提供免费早餐，但是有设备齐全的小厨房，简单的料理不难解决。

旅行中挪一点时间出来，从面包店带土司或想吃的甜咸面包，晚上回旅店前绕道超市，赶上打烊优惠时段，选了佐藤卓设计包装的明治纸盒牛奶、原味优格、起司片、苹果或水蜜桃等当季水果也没忘记买几个。在早餐优格杯中，挤入蜂蜜、水果切片，或半条小黄瓜片，味道简单但是营养丰富，顿时觉得自己的身体轻盈起来。

早餐，MEIJI 牛乳配剛出爐麵包。

　　在池袋住的民宿有提供早餐，旅客们早上离开前会到一楼厨房，围着中央的大椭圆桌用餐。民宿老板娘坐在老位置，盯着墙上接收台湾卫星频道的电视新闻。自己动手取两片土司放入烤箱，一边决定涂抹奶油或是巧克力酱，也可以抹草莓酱，一边在热饮机上的按钮选择要热开水、热红茶还是热咖啡。

　　在有限的选择中做决定，很适合起床后还未完全清醒的旅人。旅行时总是在张开眼后花一点时间确定自己躺在哪张床上，要用什么姿态迎向这一天，要走哪一条路和世界碰面。

　　咬下烤焦的土司，丰盈的果酱从两片土司的边界滴垂下来，抽张卫生纸抹干净，把开水装满水瓶，这样也算用过早餐。

## 夕食

　　旅途上为了节省不必要的开支，在外移动时尽量在合理价格上找到能够吃饱且能支撑至晚餐前的热量消

晚餐の就看超市有什麼好食材
挑幾樣煮成湯麵吧！

耗。结束一天步行活动后，回程途中要在脑袋完全放空前思索晚餐菜色，走进超级市场时扮演住民，采购两人份的简单食材。

晚餐的主食通常是面条，乌龙面、荞麦面或是面线。原因无他，就是烹调简便，又能有多种变化。面食用滚水煮熟捞起备用，可以用中华酱油拌炒豆芽菜变成中华炒面，或是在汤头中加入味噌酱包，切一块豆腐、红萝卜片做成味噌汤面；若要应季节之景，从便利商店生鲜区购买生菜沙拉的酱汁包也可以做成和风凉面或中华凉面。

大概因为回旅馆时已经过了晚餐时间，大部分旅人都是用过餐后才回来，晚上的厨房几乎只有我们在使用。有时从便利商店买回关东煮物——三角油豆腐、大根块、水煮蛋、昆布等，加上一杯关东煮汤，回到厨房把面线煮熟后，加入关东煮汤，三分钟料理就完成了。

在京都多停留一日借住公寓时，因看到楼下有间干净的厨房，兴起了邀请在背包客旅舍认识的朋友一起来用餐作为道别。

从清水寺回来，和南西到附近黑潮超市买些生鲜食材。那晚用了几个锅子煮了一桌的菜，其实也只是食材的排列组合，配上不同的酱料拌炒，所谓的食谱只是往记忆里去搜寻。

炒乌龙面、油豆腐丝高丽菜金针菇、大根汤、韩式泡菜炒豆芽、中华酱油卤茄子，一道一道地端上桌。

那晚在餐桌上达成和平协议的朋友们，应属客气礼貌地称赞这味道。台湾式的烹调比日本中菜餐馆只用酱油和胡椒处理，总是多一味。乍尝之下油腻腻，余味却有台湾人浓厚的人情味。

在异国，拿起锅铲炒菜，还是会多放一汤匙的油，用来添补家乡的味道。

大国屋 黑潮市场河原町店
〒601-8021京都市南区东九条宇贺边町36
电话 +81-75-682-5101

黑潮超市裡可以採買許多新鲜的食材。

旅行中的
午餐剪影

　　旅行途中节省一切开销，但想买的布料、杂货、绘本还是尽量买，节省早午餐的开销后，务必在中午这餐找到最实惠的选择，好好补充热量，满足基本需求。他们像是越野赛中的补给站，虽然是非常随机的选择，但是也带来许多回忆。我们尽量选择不是连锁和速食的餐厅，希望能够试试当地的食物口味。有些邂逅是老天的安排，一场骤雨把我们困在某个转角，于是推门入座后从菜单上读取有限的文字和明确的数字，在饥肠辘辘之下迅速地下判断。几次之后发现，有个保险做法，找一找招牌透出时光痕迹却窗明几净的餐厅，通常会是好选择。时间久了，留在记忆中最深刻的不是桌上食物的滋味，而是走进店里看见的另一个世界，揣想着他们的生活与人生，在和我们交集的时刻里，我所能回想到的一切画面。

在神保町的地下階的
純喫茶ロザリオ的店面外觀
就像一張旅行明信片。好想寫一張寄給未來的自己。

## 神保町活力老婆婆的地下阶喫茶店

在神保町街区漫游一个早上，我翻着《自游人》的神保町特辑，上面刊载着一间充满怀旧昭和风格咖啡馆的介绍，散步一小段，在转角处看到一堵振奋人心的蓝色墙面，还有张经日晒雨淋而呈现皱纹雨痕的《咖啡时光》海报，这一切都在暗示我，"即使这是一间在地下室、有点年代的咖啡馆，今日既然已经走到这里了，没有不下去的理由"。我从南西的眼神得到"我了解"的讯息。

做决定从来不是困难的，困难的总是如何找到自己的直觉，最艰难的部分是坚定地相信它。但旅行的好处就是远离日常重复的生活后，寻找直觉的能力会变得敏锐，是非题会多于选择题，大约是旅行的心理冲击与身体疲累直接消磨掉大半的模糊地带与不必要的礼貌性假文明。

**纯喫茶ロザリオ**
干东京都千代田区神田神保町 1-13 B1
电话 +81-3-3293-9840
营业时间 9:00~18:00（周末和节日休）

　　扶着墙壁走下阶梯，很庆幸店里还有其他客人在，多数是中年人常客样貌。端上水杯的是让我们称呼她"婆婆"也不为过的老板娘。她看我翻着《自游人》，话匣子就没停下来，连南西都听不太懂，只好两人傻傻点头微笑。我们看着菜单，许多料理无法参透内容物，婆婆才发现我们是外国旅客，但听到我们从台湾来，又再度叽里呱啦地讲了许多，原来她年轻时候曾经到过台湾日月潭旅游，留给她许多美好的回忆。

　　店里果然摆了许多不同地区的名物和旅游相片，她的热情为人生添加几许风味独特的韵脚，她就是这家喫茶店的"招牌"，客人来不只是吃到有妈妈味道的餐点，她的开朗和善让这家地下室的喫茶店更有特色。

　　我在她这个年岁，会做着怎样的事情呢？希望也是个充满活力和热情的老婆婆。

老板娘特製-份玉子（蛋炒飯）
附香菇湯，600日元！@ロザリオ·神保町

## 上二楼，Don't Mind 餐厅有橄榄球奖杯

　　从知弘美术馆离开时早已超过用餐时间，美术馆附近环境优美，却没有太多餐馆。坚持地走了一小段路到了车站附近，上井草商店街上的时钟指着差五分钟就是下午三点，又累又饿的同时看到了一家二楼的餐馆——Don't Mind。

　　餐馆外貌看起来老旧，铁制楼梯扶手也有些斑驳锈蚀，但是一进门吹到凉爽冷气，我打定主意，店里有什么就吃什么。冰水先喝一杯，稍微清醒过来，我们坐在靠窗边的座位，视野不错，附近没见到什么大型住宅区，且还有几块田地，夏季午后的柏油路冒着阵阵热烟，坐在屋内的我也只好多喝几杯冰水消暑。

　　店里的摆设很有味道，大概自开业以来没换过内部装潢布置，穿过柜台的后方就是厨房，一方窗窥见盘架、橱柜，台子上有生啤酒机，一条蓝色抹布自然地垂挂在柜台下的挂钩上，说我们像《来去乡下住一晚》的日本电视节目一样闯进别人家里讨餐饭吃也不为过。围着大桌，蹬在高脚椅上的邻座大叔们已经进行到喝啤酒、打屁聊天的节目，餐厅里的电视播着综艺节目……

Don't mind 的櫃檯後
就是廚房，製作美味的基地。

水族箱上站满奖座、奖盃，是一种和客人分享来自家人的成就吧！家里开早餐店将近二十年，我们看着老客人们逐渐地从青壮年变成中老年，他们也看着我们从小到大，每逢学校考试结束，不免要被几个客人询问成绩，升学关注度更是无可比拟的破表，只差没把我们的毕业证书贴在店墙上。坐在窗边的我们好像也正参与这家餐厅的家庭生活。小时候的记忆，附近的馆子、小面摊就是一个家庭生计的来源，父亲在厨房炉火上翻炒，母亲负责招呼点餐备料结账工作，小孩们送餐、收盘、抹桌，还有洗净未曾中断过的污盘脏碗。只有餐馆规模较大的，生意最好的店家才请得起钟点计时的伙计。在比赛中和着泥沙追逐橄榄球翻滚的大男孩，一定在假日生意好时也帮忙端一盘咖喱饭，跃过高空艳阳的球直射入球网时，也会有一种不负父母和客人们在场边热烈加油的期待吧！

只是看着陈设空间，就取了环境切片，径自幻想起整部剧情发展的前因后果。走出Don't Mind，被食物抚慰后，疲累感已一扫而空。食物绝对是旅行的一部分，如果只是跟着旅游手册走，根本不可能找到这家在二楼的家庭餐厅，或是下午三点钟还愿意供餐的人气餐馆，我也就没有机会对着一事一物拟出这些"本事"来。

　　旅行或食物还是要随着人的特性而走，才能找到最切身合适的回忆。

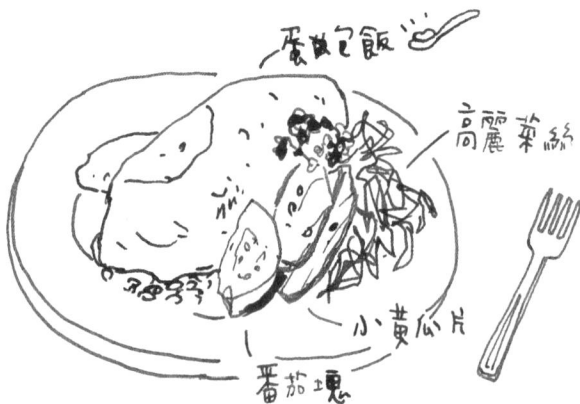

## 花梨午餐和洋料理

旅行时的中餐好像一场铁人长跑赛的中继站，有时候独自走了一个早上的心情，在还没坐定时就急着要和朋友分享，急着要把那两三小时没用到的中文通通说出来。有时候想要在中餐的餐盘上找到一点食物新鲜感，出门一趟到了异地，总有想吃想看的list。有时候只是因为一场雨把我们赶进一家路途中不起眼的小店。

自离开惠文社，早上逼出了一身汗的好天气突然转黑，和我们比速度似的降下密密麻麻的雨滴，站在屋檐下躲雨，烦躁的心情却被门后传来的香气吸引。中午，就在这家花梨咖啡稍作休息后再出发吧！

门边的木头小圆桌上有个转盘式公用电话穿着粉嫩的颜色，适合在回家途中遇到大雨时，推门进来借投币电话，请家人送伞来。

相对而坐的两人研究菜单，"今天试试这个和这个！"华美的词藻藏在心里无法翻出，手指头抢在嘴巴前生硬地说出"このとその"后马上用冰水浇熄阵阵脸红的高温。

在日本旅行的这几天，不特别挑选食物类别，但吃意大利面配生菜、浓汤的机会还是比吃拉面、饭团来得多。曾经在日本吃过中华料理餐馆。日本人所谓的中华料理关键在调味酱油及炒菜锅，那次四个人的自助旅行中，有人吃全素，有人荤素不忌，我则是挑菜吃得随便素。中餐晚餐常为了要从菜单上猜测哪道菜不加肉而花费不少时间。我们挑了消有"野菜"字样的料理，端上桌翻开豆芽菜、高丽菜后看见猪肉丝带着胜利的微笑，有人马上把筷子放下。这回同行的南西是个爱食甜味不挑食的好口味，我们常常就着餐盘进行交换食物的游戏。

花梨咖啡的阿姨服务生端上我点的野菜意大利面，和南西的炸猪排意大利面。清炒橄榄油，青芦笋点缀其中，清甜的味道也许来自那几瓣有些透明的洋葱丝，刚起锅的面条驱动着最上层的海苔丝卖力舞动。玻璃盅的生菜是马铃薯拌着奶油、玉米粒，还有两片涮着水分的小黄瓜片。

一点钟的午餐，避开人潮享受一点点的宁静。旅行是一种休息，休息中的放空是一种更彻底的掏空。和花梨咖啡道别，才发现窗外停了一台复古的欧兜麦，天气放晴，小径上透着湿气，从水洼倒影看见的天空很蓝。旅行，从来都是在路上，而不是终点。

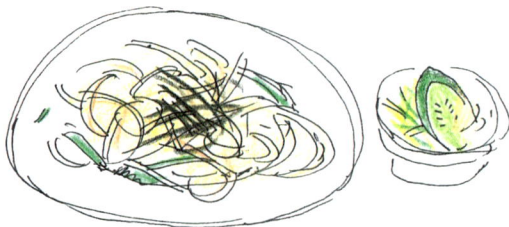

對於在日本的餐館點菜，還曾有去年的失敗經驗～(笑)，但，我還是鼓起勇氣指了个野菜開頭的多玄～Lucky ♥，超好吃

## 车站商店街的八ゲ天野菜天丼

"为什么只是一间开在车站商店街的天妇罗都可以这么好吃！"也不管温度节节高升的东京暑气，我又夹了片炸地瓜喀滋喀滋，一抬头看见南西的表情在吃下白米饭的那一刻凝结了。这口饭也许带着乡愁，出来几天，刚好都没点到饭，小碟上的渍物是一点也不掩饰的酸咸甜，配上一口热热的白饭刚好。大概是因为店铺刚好就在车站楼上的商店街，络绎不绝的客人中，充满青春的气息，背着书包的高中生或是青涩不修边幅样貌的大学生一下子塞满所有的座位。

扎实地吃了一顿粗饱，因为白米饭扎扎实实地填入胃袋中，冰冷的面衣裹上四季豆条、茄子、紫苏叶……在高温中翻了两圈后酥脆的口感，虽然这样的赞美很老套——"这是我吃过最好吃的炸物了！"居然在旅途中不期而遇，也难怪南西的表情尽是满足。"这车站商店街的天妇罗很简单，但是也很不简单。"虽然这句话讲出来只会透露我的没内涵，但是在日本很少练习中文辞藻的我，一时也找不到比这更直接的方式表达，南西听完后猛地点头说："我不能同意你更多了。"

我们相视而笑。有时候真的只需要大声地说一句："おいしい！"

八ケ天

野菜天丼　680丹
（野菜ごご飯）みそ汁・漬物付・

感覺好像有十年没吃到飯了……。好感動、才六天、就因為
食物而想家。吃飯果然有大滿足。吃飽了、继續吉祥寺
的探險，我想去的リーブ更廊今日休、我便跟著Jao、
去了 絵本 Book store、

旅行中的甘味小確幸

從甜食中重新獲得再出發的…

POWER !!

## 咬一口甜甜圈

从祇园祭会场提早离开，脱下湿透的雨衣搭着地铁回到京都车站。中餐前安排点心出场不是为了填饱肚子，而是因为甜食无敌，希望能够咬下一口信心和希望。

喝下我在日本的第一杯咖啡，看着车站大厅人群如游鱼般不断移动，在心里计划盘算多出来的京都半日要如何安排。咬下一口抹茶马芬小蛋糕，再咬一口夏季限定的水蜜桃夹馅波提，温柔的填补沮丧留在心上的刻痕。

"好好吃哟！"看着南西满足的笑容，我也忍不住点头。我会一点点一点点地用期待下次来取代这回无法到箱根的遗憾了。

## 鸡蛋、牛奶、焦糖、一点诚意的香草籽

从宇治回到京都车站，离开月台踏上阶梯和其他人错身而过，在大桥通道上看着小小的商铺前聚集一些人。看不懂日文却敏感于图像的我早在南西之前发现“布丁”！我开心地叫着，好像看到另一种旅行中的救赎，拯救沮丧心情于一口简单的甘味。女孩们吃甜点，不用多，也没有时间的限制，饭前、饭后、醒来后或睡前都是可以的，重要的是“想要吃”。甜点的评价方式依据入口瞬间的表情变化，从南西绽开的眼睛眯成一弯彩虹的笑颜来看，这个在车站通道吃到的布丁，应该十分里拿到八分以上。

回京都駅，在商店鋪，我看到燒布丁停了下来，
当然是看图片，Yao則看到小天使的招牌，用观光客
心態判斷，有很多人排隊的絕不会誤觸地雷!!

Manneken

焦糖布丁
189￥

抹茶小鬆餅
147￥

布丁总是配着汤匙的记忆，小时候的点心通常是一杯布丁，用小汤匙胡乱搅成黄泥糖水状，或是小心撕开封膜(从铝膜变成塑胶膜)用汤匙一口一口挖出来，最后还要把梅花塑胶杯底的焦糖仔细刮干净回味最后的甜味。长大后在台南府城路走着，经过一条巷口看见"银波布甸由此巷入"的大招牌，按着门牌号码却找到一家小小的门口摊位，从铁卷门拉起的光源看到屋内瓦斯炉上正在蒸着布丁的热气，老板从冰箱拿出用塑胶袋包好的五杯入布丁组合，没有加膜，用红色橡皮筋绕好几圈封死袋口。回程的车上忍不住解开橡皮筋，我再次尝到当年在台南府城路的好滋味来。

旅行结束后怀念的滋味，也许并不是列在旅游手册上的特别推荐项目，或许下次旧地重游也吃不到，却感动于幸福在口中慢慢化开，一种简单的滋味，在很久以后留在记忆里的是与甜点不期而遇的场景，以及那份无法分享的心情。

## 鸭川畔分享的只园馒头

"我们各买一个吃看看吧！"还好，这次旅行中有个很好的旅伴，我看着南西向前一步购买等下要带去鸭川的小点心。

夏天夜晚温度稍降，但参加宵山的游客众多，还是走在一种烦躁的心情中。走下阶梯坐在河岸边的大石头上，川水远方的灯火依旧通明，一回头，南西已经把鞋子脱下，小心翼翼地探入鸭川中，口里说着"好凉！"脚却好像碰到热水马上缩回来。买来的两种点心都是米做的，白色椭圆形的口感软黏透出中间细心包裹住的甘味红豆沙，三角形是米糕和蜜红豆紧密结合组成的上下层，一口咬下，两种不同口感与滋味，不用其他色素营造光彩夺目的造型，引人向往的是他百年来以手工制作的心意。

在走过一段拥挤街道后，和你一起在鸭川畔静静享受月光映在水面上，我们不在道路上，我们离开人群最多的地方，我们走在和大家相反的方向。于是夜晚凉风袭走一天的暑意，这是这趟旅行中最令人怀念的景象。

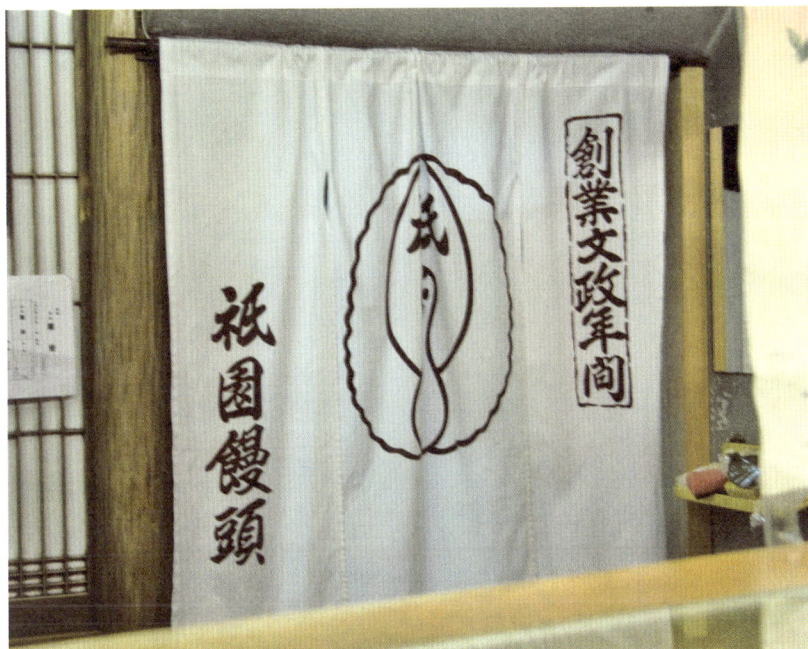

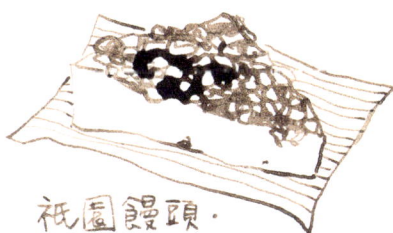

祇園饅頭·

宁治通圆茶屋的
夏日河畔抹茶品尝

旅行之所以美好，是因为有一个家等着我回去。

这句话不知道是哪里看来的，却一直深印在脑中。但心中更觉得，也许是旅行中的记忆交叠着，召唤我再次回到那也许是前世长久停驻之处，所以我总是会走到那些地方。

宇治是身为"抹茶控"的我的指定旅游点。怎么可以有一个城市这么会用抹茶绿的颜色。连"宇治"两字现在从眼睛进到我脑海里已经自动变成绿色，还带着茶香。行前讨论行程时，我坚持一定要去宇治，配上夏日京都祭典祇园，这两者就是我的京都夏日回忆。

从京都车站出发搭上奈良线火车，很快就能抵达宇治，却是一种山林悠闲的小镇风景。从车站出来，走过通往商店街方向的一座桥，可以往下走到平等院。第一年到京都时和朋友们来过，离开平等院时，朋友发现钱包遗失，我们陪同沿路往回走，遇到工作人员就拿出我画的长了翅膀的钱包询问，一路找到取御朱印的地方才问到。工作人员忆起，窗台前遗留了一只小钱包，但是被后来排队的台湾游客捡走了。

# お茶 の 通圓 (つう えん)

《通圓》

抹茶窓 ↑

冰淇淋 ×2
紅豆球 ×1
candy …

Uji 真是一ケ Green City. 連 Uji Line
上的遮陽簾、車体、車廂, everything
are fresh green. 当然我最愛的お茶
也是 green. D= 連心情都洋溢著
青春気息。走出平等院, 我们抵達
通圓本鋪(在橋頭), 在店内飲一杯
抹茶冰品, 還可以欣賞 Uji River.
奔馳在江橋上的 Uji Line 拉出一條 Green Line.

吃はうじ冰滿足後, 看著宇治大川, 心情也涼爽
起来, 方才自平等院表参道走出的, 就被著清澈的溪
水所吸引, 忍不住想下階梯一親芳澤.

　旅行的倒數第三天, 看了之的江水, 我的
心, 便留在這江橋之中. 鐘情於此 。

　　已经发生的事情无法改变，当下能做的就是好好吃一顿。我们拉着面带愁容的朋友往宇治桥边走，一栋传统木造建筑上头的黑瓦透着历史，门口挂着布帘随风摇摆。宇治是京都著名的茶乡，许多著名的老店铺供应着以茶入菜的餐点，当然能够在夏日高温中坐在店内冷气风口前啜饮店内温热的玄米茶是最过瘾的事情。

　　距离午餐时间差不多还有一个小时，避开游客人潮，我带着朝圣的心情领着南西走向那个还保有旧时屋瓦当顶，镶着木头边条、色泽深淳的几扇窗户，随风飘扬还会发出啪啦啪啦声响的布帘，不写商店字号，只有一个"茶"字吊挂在门口，小庭院前有时间痕迹刻画在上的石椅，有两片绿色的软布垫放置在上。整个算是突兀的景色，大概是那只略高于孩童的抹茶冰淇淋模型灯具，它也在这样的空间中。

时隔一年，这次再来宇治，对我来说几乎是专程为通圆茶屋而来。坐在屋内只是倚靠窗台望着脚下清澈的川水就觉得清凉透彻。点一道夏日健康高纤的"宇治小町"绿茶荞麦面，选用无农药有机绿茶磨成粉后和荞麦粉一起拌成的面条。浸泡过冷水的熟面条放在方形竹帘容器上，更觉得清凉。一旁备有沾酱、青葱和芥末，面条在酱汁中全然释放出绿茶的味道。

　　餐后再来份抹茶甜点，人生至此已臻完美。抹茶真的很适合搭配日式甘味，本身不带甜味甚至有点苦，再尝过甜死人的蜜红豆或是黑糖蜜后，尝一口解腻最合适。

成分：ざる茶そば、海苔絲、青蔥、芥末(綠)、醬汁

夏季到通圓茶屋點一份綠茶涼麵，惬意。

在同一个位子、相同的餐点和宇治川，我希望心境是不同的。年岁催化我把生活的重心从别人慢慢拉回到自己身上，再尝过一些生命的苦涩后，也渐渐能从抹茶尾端的苦中抿出一些只有自己尝过才了解的甘味。

现在倒是已经为了那特殊的甘味而真实地走在"抹茶之路"上。

买一包抹茶回家，
复习旅行时的
茶香。

おうす飴・茶味糖菓

つうゑん茶屋 通圆本店
宇治市宇治东内1宇治桥东诘
干京都市南区东九条宇贺边町36
电话 +81-774-21-2243
营业时间 9:30~17:30
网站 www.tsuentea.com

五条坂上有
抹茶欧蕾和御上买票的
Caffe Oggi

走在细雨中的京都五条坂，要对抗有些湿滑的石板路，很快我就累了。这条上坡的小径游客较少，在雨中更显宁静。出门旅行有时难免遇上低潮情绪，在这条灰墨色的绿色小径上，见到一盏温暖——Caffe Oggi，对我而言，正是时候停下来歇息。挥别南西后我推开厚重的咖啡馆大门，我也就此走进对京都的依恋。

侍者引导我到面墙的一人座位区，黄色灯光从上方柜子下缓缓地溢出，温暖地包裹着我。点了一杯抹茶欧蕾，假装我是路过推门进来等雨停的常客，作为一名称职的常客必须全心地享受这一杯饮料，所以我坐下后没有再起身四处走动拍照。我翻开旅行手札整理旅行数日的心情，把京都的美好影像慢慢地抓回来。京都的夏日祭典、在公车上看出去的京都街道、每天从

京都车站南口慢慢散步回旅舍的宁静街道、走到桥下
吃着凉糕赤足浸入鸭川的沁凉感、在宇治桥下的野餐
及期待绿色铁皮车有节奏地驶过的心情……那些画面
在午后细雨中使我的旅行心情回温。

　　店内几张桌子空着，还有几组客人在店里，侍者不
时出来添水，看到我的手札上画得正是祇园祭画面，说
了句日文。我张大眼睛对他微微点头，然后又低头进入
自己的世界。墙上有座大钟，带着历史、刻着时光一秒
一秒地前进，在寂静的午后特别能感受时间的痕迹。别
桌客人起身结账，围着柜台的打字机一阵喧闹后离开咖
啡馆，剩下我一人独自享受这个沉静的空间和眼前这杯
抹茶欧蕾。在台湾喝过许多抹茶和牛奶的饮料组合，不
是太甜就是太稀薄，牛奶的脂肪浓度不够也无法和带着
苦涩味的抹茶粉联袂演出属于大人口味的抹茶欧蕾。

已经忘记是什么样的原因让自己这样迷抹茶。几年前好友去日本带回几款不同口味的糖果，丢了一包绿色的塞给我："这个你应该会喜欢。"他拆了其他蜂蜜或是水果口味的糖贻分给大家。绿色的牛奶糖片，慢慢地在口中化开，浓郁的牛奶和淡淡的茶香味最后融合在一起的滋味，我后来再也没尝到。糖果的牌子也因为没留下包装袋而早就遗忘了。

也许每次在外头发现有抹茶欧蕾或抹茶牛奶的饮料必定要点来回味，从记忆中去寻找滋味，从滋味中去回温记忆，不管从哪个方向，都是充满迷雾又漫长的旅程。曾经，在明月堂还开在天母忠诚路上的供餐门市里，遇到喝第一口就让我整个被驯化的抹茶欧蕾，一路走来烦躁的心情好像瞬间变得透明清澈，人生没有一件事情是比好好享受当下重要。在 Caffe Oggi 里，那一小杯站在瓷盘上，用温热的白烟回应着我的期待，我轻轻握住杯子，送进口边把上头的奶泡吹开，淡然地喝下第一口。

面牆的單人座位區桌上，有幾個
木頭滑輪玩具，用手撥弄著，
把旅行的玩興慢慢找回來。

在日本，抹茶是大众都能接受的饮品，在台湾，这种没办法完全溶解的"悬浮物"牛乳饮料总是无法品质均一地提供给大众。明月堂门市在前几年自忠诚路消失后，我也曾在有日式风格的小咖啡馆里找到接近完美的替代品，但是过阵子再访时，可能是饮料吧台换人，我内心带着一滴眼泪离开小店，留下大半杯抹茶欧蕾，希望店家能够明白，它不只是牛奶和抹茶的组合这么简单的事情。

走了一圈清水寺下来的南西问我："好喝吗？"我露出被征服的表情，眯着眼睛享受抹茶和牛奶的余味。外头天色渐暗接近打烊时间，店内已没有其他客人。南西放下杯子，脸上尽是满足，她和我一样也是着迷日本抹茶一族，当初就是她带着我到明月堂去朝圣的，没想到今日有机会和她一起在京都喝上一杯又一杯的抹茶，旅行路上有朋相伴自是人生幸事。

这一杯抹茶欧蕾完完全全
抚平了旅途上的不顺。

再怎么留恋也得配合店家的时间，傍晚六点我们起身结账，头戴鸭舌帽的老板挂着腼腆的笑容，知道我们的旅人身份后指着柜台上的打字机向我们介绍着，任选两个英文字母和四个数字的按键，敲卜按键的同时也打印出墨色痕迹，出来的票卡比巴士单程票稍大，特别的是印有日期和店名及电话。机器从前的用途是来打收付金额用的店家收据，现在变身为店里的一项特色，老板怕解释不清，直接让我们试用，一人获得一张打印日期店家名号的"御上买票"。

仔细一看，店里的电话号码末四码0881和Oggi长得真像呢！推开咖啡馆的门，并不感觉不舍，下次再访京都时我一定会再来，悄悄地走进来。也许店员会想起这个有点熟悉的面孔是台湾的旅客，也许他们不会记得这个雨天午后的事情，但一开始我们就选择旅行在京都人的生活中，联结的也就是这些点点滴滴丰富着我们旅行的日子。

收藏着那日的旅行心情，每次喝起抹茶时都会想起那天——山坡上雨天稍微潮湿的气味和微小却存在的雨声，推开大门的铃铛声响及迎面而来的咖啡馆特有的香气，我听不懂的日语问候却感受到不需言语的关心和温暖。

后来有朋。友要到京都旅行探访特色景点，我推荐他的不是什么庙宇古迹，而是不曾出现在旅游杂志上的这家咖啡馆。我用小学生英文写信给caffe Oggi将有朋友到访告知老板。经过一番波折朋友终于抵达，和老板用日

语、英文夹杂着表明身份，应该受到大大的欢迎吧！我
读着来自五条坂上那座咖啡馆的温暖讯息：

It was regrettable this time. Please surely come
to Kyoto. It is waiting.
　I work enduringly till the day which can meet
again.
　Please take care healthily.

Good-bye
Kyoto　Oggi　Keisuke.M

是时候出发再去喝一杯抹茶欧蕾了。

回程搭バス才發現、我们住的九条通、離清水寺
十分近呢!! 在Oggi、老板大叔有讓我玩收銀机、
　　可以按出自己的生日唷! 我们還鼓起勇気
　　和店裡的大叔&大哥合照。
　　我會把Oggi列為下次造訪kyoto
　　的必複習之所。

**Oggi | Kei's caffe**
〒京都市市东山区清水四丁目 190-1-102
（市巴 100 番五条坂站步行 5 分）
电话 +81-75-533-0881
营业时间 9:30~18:00
网站 www.caffe-oggi.com

寻找
奈良美智

在那个大眼娃娃的眼睛里，我看到一种神秘的光芒。

从《小星星通信》慢慢地接近奈良美智的创作历程，一种荒唐、漫无目的却又坚持在艺术之路的方向感和直觉，梦游的图像中，小孩和小狗都像是被催眠般得让手带着身躯往前移动，意识中的安稳让他们脸上仍旧带着表情。

这是艺术家的写照吧！无端地喜欢着他的作品，还有腼腆的笑容，让人觉得安心。

在台湾的翻译图书中，最昂贵的仍然是艺术家作品集。到了日本，我在二手书店不停找寻奈良美智的作品集图册，除此之外，还有一个想去的地方。

手上抄着咖啡馆的地址，地图显示位置在离表参道地铁站不远的地方，但是从地铁站出来后我完全失去方向感，来回走看着相同的橱窗，无法找到出路，逼自己冷静地停下来重新看地图，我一定漏掉什么重要的线索。三十分钟后才终于弄懂地址标号的方式，那串数字带我停在巷子里的一栋大楼前，我看到了。

equbo
minami-aoyama

A to Z
cafe

A to Z
cafe

A to Z
cafe 5F

在附近巷道尋找許久,終於在抬頭時
看到 A to Z cafe 的招牌。內心激動卻在
當時無人能分享。

A to z cafe

YOSHITOMO NARA
+ graf

從小房間的門看出去
可以見到模擬奈良
美智工作室的小木屋。

　　"A to Z cafe"，我在心里默念一次，拿起手帕擦掉
额头的汗水。刚刚经过这里却没能看出来，招牌非常低调
地被钉在墙上。"我终于到了……"想要大声尖叫，或是抓
着谁的手激动地跳起，但我是一个人，一个人前来。我默
默地把激动收回袋子里，走进小小的电梯登上五楼。

　　"A to Z"是奈良美智和 Graf 在 2006 年合作的大型
展览，用以展示艺术家的创作，如模型般地呈现。在奈
良美智的故乡青森县弘前市的一处仓库内造了 26 个小木
屋，彼此由走道联结仿若一个不存在于地图上的小镇。
后来其中一座移到现在的"A to Z cafe"重组。小木屋在
咖啡馆的中央，屋里的光线迷人映照在墙上的作品，从
窗外可以看见工作桌上散布着用具、草稿，杯里还有一
点咖啡，旁边是旧书和旧唱片、一排收集来的公仔。

店内的菜单用餐后可以带走，可收藏也当作店讯发布的媒介。

小屋裡有許多創作的夢想，坐一會兒慢慢沉澱，再向前出發！

A to Z cafe

〒107-0062东京都港区南青山5-8-3 EQUBO大楼5F

电话 +81-3-5464-0281

营业时间 12:00~23:30

网站 atozcafe.exblog.jp/i4

用 A to Z 展覽小屋拆下的木板,易地
使用,在這裡隔出許多小的空間。
低矮的桌子上是奈良美智筆下的插畫人物。

　　我不抽烟，被带到一个独立的小包厢，店里每张桌子都有奈良美智的图，点餐用菜单上也有他的涂鸦，喜欢的可以带走。我在这里坐了一杯茶的时间，涂鸦着店内的场景。一般表情的底下是激动的情绪。如果我能够从台湾到日本来并走到这，我一定也能够继续着画画这件事情。心里喃喃着："孤独也好寂寞也好，创作能够累积一切，然后超越过去。"如果没有东西可以累积，昨天的自己和今天的自己就分不出差别了。旅行时话说得少，一些声音反而听得更加清楚。

　　"那就，继续创作吧！"我看着桌上那个拿着鼓棒的大眼娃娃。我会用任何形式向世界持续宣告我的存在！

桌上的彩绘之一是奈良美智的招牌—大眼娃娃的眼神透露着愤怒。

旅行中的购物车

旅行中该买些什么总是考验着人性。我的基本原则是不买台湾有的。行李箱空间有限，把位置留给更重要的。眼睛能看懂的，笔能画出来的也尽量不买，总之有替代方式的就不考虑。

## 百万遍手作市集 | 旅途中的惊喜发现

跟着南西钻入百万遍知恩院手作市集，每个月一天的市集自然是挤满了人潮，有些摊位有桌椅帐篷，有的仅是地上铺一块防水野餐布的大小。这里是贩售梦想的草地，聚集了从各地前来的职人，透过专注在小小的物件上，传达自己的创作想法，与台湾创意市集相比，这里还多了一份对老物件的珍惜感。

和南西在附近的咖啡馆分享彼此的战利品。我拿出三卷带着金属色彩的丝线缠在老旧木轴上。南西的收获不少，多是可以和小孩们一起分享的昭和时代的小玩具或是娃娃屋道具。

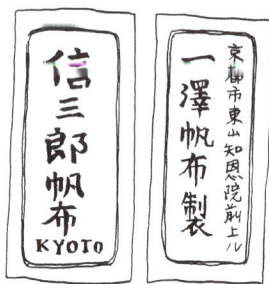

現在去店裡買的
帆布包會繡上這
二個布標，也算見證一
澤帆布和信三郎帆布的
歷史。

## 一泽·信三郎｜老品牌的理念

我没有任何名牌包，倒是有三个绣着"信三郎帆布"的帆布袋，军绿色、桃红色的小包非常好搭配，另外一只大黄包连笔记本电脑都装得下，用久了就会知道真正的经典不只不会退流行，还能搭配任何打扮。

在京都自然是要到京都名物帆布包店去。离知恩寺不远，门口进进出出的游客不少，很容易找到一泽信三郎帆布店。我们去的时间刚好是一泽帆布和信三郎帆布店分开的时间，两家店铺相距不远，也都各有支持者。

SHINZABURO
HANPU KABAN

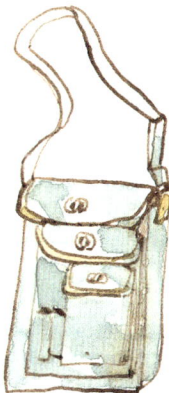

帆布原先用在工务上，当然需要耐磨耐脏，最好还有售后维修服务，店内角落也摆出上一代店东制作的帆布袋，上面印着酱菜商家的名号，诱着老旧但是看来还是十分耐用，绣上"一泽帆布京都东山知恩院前"的帆布袋是一生保用。

因为是手工制作每天需应付开店的一定数量，还有网络邮购订购（需等二至三个月），因此一开店就挤满了人。制作品质反应在价格上，硬挺的单色帆布和日本纹样的布料，配上基本款式不同尺寸做成的背包背袋，在每人限购数量的规定下，每日开店贩售五百多个，还是能在三四个小时内卖完。

一泽帆布和信三郎帆布俩兄弟的产权官司在2011年落幕，一泽信三郎重新迎回"一泽帆布"招牌，四月初回到原址重新开幕。

我的第四个京都帆布包，应该就是绣上"一泽帆布制"的那个。

## 日暮里纤维街 | 家事课采购

在日暮里纤维街我才真正地大买特买。出发前着迷于裁缝布作课，没画图的日子都在踩裁缝机，各种花样零码碎布一块接着一块挑选，各种工具也没少买，每个月跑到迪化街附近的永乐市场，纽扣、针、线、织带，满足各种购物的欲望，真正完成的成品倒是没多少。在

萬分推薦 😊 TOMATO. 應有盡有.

🍅 TOMATO　　日暮里大採購. 纖維街.

Place: 日暮里駅東口右行至中央通り. 有掛小招牌み

日暮里我就只管买布，找到古着风的深沉搭配，北欧风的大花也很流行，水玉点点布也不用多翻到处都有，各种卡通图案布也不少。

从日暮里离开的时候，我不再取笑南西那只装满绘本快炸开的行李箱。

在这条街我几乎散尽千金，尤其在TOMATO，从楼下买到楼上，走出来没几步又是TOMATO。如果没时间走完一条街，可以在这里扫货，配料相当齐全。仔细观察，走在街上准备购物的女性，一个个都像从 craft 杂志走出来，手提包或是身上的衣服好像都是从这里买布回家自己裁缝自己穿戴，当然这一切都是我的想象。

## 自由之丘 | 私の部屋杂货街

东京的杂货风格小店铺不少，目黑区自由之丘可以慢慢逛很久，从商店街较小的店面延伸到后面的区域。

我一直待在"私の部屋"里陈列的厨房用具区，一直无法决定是否要把眼前这个日本单柄瓷壶带走。大约是一杯茶的容量，圆润的壶身声音清脆，尖细的壶嘴顺着弯度，两相连接之处也以瓷土做了滤网，把手在壶嘴的九十度角处，骨瓷质坚而轻，想象注满滚烫的开水和茶叶漂浮时也不用担心重量。那时候我已经开始自己煮水泡茶了，亟需一把单人壶，却又别扭地不想要紫砂壶，因为不习惯盖子合上壶身摩擦产生的声响。

为了确认自己的心意，我先走出了私の部屋往隔壁街走，当我发现走了三条街却没逛任何一家杂货铺时，我想我的心已经被收进那把骨瓷壶里。快步欣喜地走回店里，请店家帮我妥善包装，登机时随身的包包要留个位子给它。

然而越是小心珍贵地对待，越有可能在无意间失去。

那只壶安全无恙地被带回台湾放在家里，却在一次清洗时摔了一下，从把手和壶身连结的地方干净地断裂，几乎没有碎屑。

现在，壶里正长着水生植物，有时返家看到它，还会想起从三条街外回头的心情，还有那个夏天的旅行。

私の部屋

⊙漂亮的泡茶壺。

沒想到，我居然疯狂到、
從日本帶一个易碎品回来、在我
行李箱其實已經爆滿的時候。

在自由之丘的失望終於在到了「私的部屋」
好轉、因為找到夢寐以求的案。 FAMILY BOUTIQUE

「for Present!」、只要跟店員説這句話、
他們就会開始大费周章的包裝、

很有質感。
看来也很炫
這樣就不用面次
找筆找半天。

waiting 時、又買了一个 MARK's。
更是太讚了。レ=

MARK's

NOTEBOOK

消しゴムはんこ。
つくるたのしみ・おすたのしみ

津久井智子

消しゴムはんこ

目あれら

まられ

「星の王子さま」
ジグソーパズル・ブック

グリコの
おまけ

Man & Book

サン=テグジュペリ原作
長友恵子訳

没想到 我也買了這麼多小東西．

惠文社：

1 消しゴムはんこ。橡皮章刻印 1470年

2 素描本 611年

百萬遍市：　　　　きりん館

3 色線 × 3 600年　　8. 小王子拼图书 1260年

4 仙貝 × 3 500年　　荻書房

5 花布 × 3 300年　　9 グリコのおまけ 800年

6 氈毛 材料 530年

7 氈毛 材料 (Bear) 350年

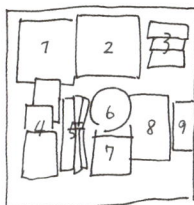

---

京都百万遍知恩寺手作市集 | 每月十五日
〒605-8686 京都市东山区林下町 400605

日暮里纤维街（JR京成线日暮里站）
トマト | TOMOTA. 本馆
〒116-0014 东京都荒川区东日暮里 6-44-6
电话 +81-3-3805-2366
营业时间 10:00~18:00（周日休）
网站 www.nippori-tomato.com/tomato/index.html

一泽信三郎帆布
〒605-0017 京都市东山区东大路通古门前北（过知恩寺东大路西侧）
电话 +81-75-541-0436
营业时间 9:00-18:00 周二休
网站 www.ichizawashinzaburohanpu.co.jp

私の部屋. 自由之丘店
〒152-0035 东京都目黑区自由之丘 2-9-4 吉田大楼 1F
电话 +81-3-3724-8021
网站 www.watashinoheya.co.jp/index.html

　　旅行时，喜欢在游客还没睡醒的早晨，带着帽子和钥匙走一段路。旅程中走路的时间很多，但并不是每个人都会"散步"。如果急着赶往下一个景点，散步的心情全没了，如果想着要吃哪家美食名物，食物的欲望又会盖过散步的悠闲趣味。

　　散步需要心情、需要趣味、需要一点点天分。

　　在东京市区街道散步有点匪夷所思。清晨天刚亮，街道还留有前一晚醉倒未醒的身体吐露的秽物，它们会在人潮聚集前消失，纸箱里微微颤抖的是以天地为家的游民，也许正做着饱餐的美梦。在车水马龙开始前散步，会看到另一个世界。京都生活步调徐缓，清晨只是覆以低明度的颜色在眼前，抬头一排乌鸦站在电线上叽叽喳喳地话匣子没停过，交错的电线谱出一张日常生活的网。窗内黄色灯光下，听着锅铲翻炒的声音，今天早餐要吃什么呢？旅行还是离不开日常生活，至少，平时觉得很庸俗的午餐吃什么，在旅行时候也会变成另一种暂时终点式的期待。

在哲學之道散步，還未悟出人生哲理，
卻看見一隻貓掛在玻璃窗上。

从面包架上夹起一个早上刚出炉的玉米奶油面包，到隔壁便利商店买佐藤卓设计的纸盒牛奶。我的早餐没有抽油烟机的伴奏，有着的是旅行时的平淡幸福。如果，能够省略长途飞行的疲累和时间，我很愿意每个清晨起身出门寻找一个人的早餐滋味，没有比早餐更合适一个人的美味时光，确认今日的行程和方向，准备纸张、本子、笔材，阴雨天的时候就放弃相机。

　　沿途的风景迷人得想要复制带走。

　　彩带霓虹转转灯是理发店，幼时巷口对角的门槛上也装了一座，理发厅的老板娘头发总是跟上流行随时更新，不久后市场的太太们也全面跟上。四种方向的C由大至小整齐列队停在路边的招牌架，这里是眼镜行，比起模特儿戴名牌眼镜更直指文本。比起有冷气放送的便利商店，不如试试巷子里密集度更高的各式销售机。一字排开好几列的罐装饮料，为了吸引手指头的接触，饮料的包装设计只好变本加厉地可爱，容量也配合100日元的价格做了小孩尺寸，就算不口渴也忍不住想要收集一瓶。

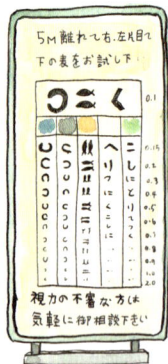

　　最后收集最多的是免费明信片或DM。明信片多是3×5cm双面印制尺寸，来自书店、美术馆、艺廊或手作小铺。

　　整理成册变成风景印记，那些美好的画面。

日本街頭巷內的販賣機裝這些顏色包
裝可愛的飲料。它們好像小劇場裡的各種可愛的小演員們。
等著獲得消費者的按鍵。

京都小日子中也学着观光客到哲学之道去蹓跶。如果走完全程不知道能够体悟到什么灵感，自知没有成为哲学家的天分，即使有如此好的环境相伴，半路还是让有趣的窗景吸引停驻。炎热的夏日，最需要的是眼前的冰店，日本冰淇淋摊随处可见，剉冰店反而少，有冷气的更少见。远远看见一只橘子条纹猫用前脚攀在店家玻璃落地窗上，神情诉说着："我也要吃冰，热死我了！"

不知道那只猫，几点下班？整条哲学之道的记忆，其实，就只有想吃冰的猫。

"洋服の病院"指的是洋服修改吗?

Tokyo to Taipei  1355 哩/ 2181 公里

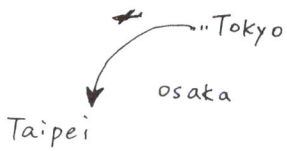

我的旅行相本

"Tokyo
osaka
Taipei

Traveling
這一趟旅程、帶給我一個不一樣的新感受

出門、保持 50% 的期待, 20% 的空白,

和 30% 的意外空間。

京都和東京的天氣一開始是意外, 後來,
順勢演變成一種期待,

早上離開棉被, 先開窗戶, 看看 Sky。
把太陽、雲、雨都見了一回。

每天每天像輕飄飄的紙片人飄出 ROOM,
踩著夕陽的夜角,提著滿足的心情、愉快
累積一大桶。 能量飽滿準備運送
回國。

HAPPY

走在街道上，我的眼睛咕噜咕噜地转动着，看见许多可爱的风景。
早晨朴拙的街屋住着人家，窗户里透着黄色的灯光，听到锅铲翻动的声音，日本妈妈正在料理先生和孩子的便当吧！。
经过门前，造型特别的信箱大方地告诉邮差说："放这里哟！"里头也许住着一个负责信件的小精灵吧！抬头，继续带着微笑，招牌都带着温和的线条和颜色。

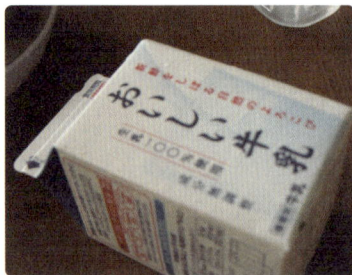

旅行中移动是一种常态，因为有些什么等着我们去发现。晴天、雨天、阴天、早晨、黄昏，如果可以让自己更加融入当地的生活，用移动的姿态去感受任何形态的天气，在不同的时间，走在有点熟悉的路线和下个转角也许变成陌生的场所，告诉自己，继续旅行吧！

旅行总是由许多点串成一条又一条冒险的旅程，听着不熟悉的语言，看着陌生却又近在眼前的景物。除去陌生感，旅行其实和日常生活没有太多的分别？决定就这样吧！一直把眼睛放在脚步的前面，累了就停下来休息。

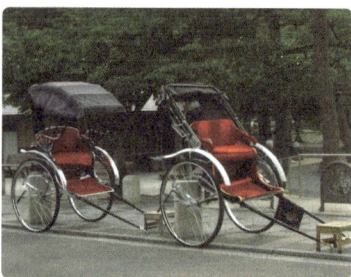

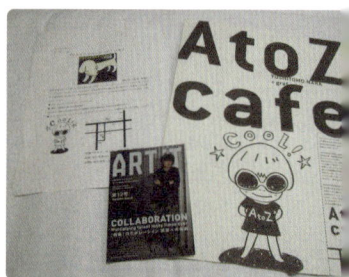

第一次到日本，对所有的传统
活动、街屋、路边的绿意，处
处感到惊奇，想把所有的细节
都看透，印在心里。

再访日本，开始研究起这里人们的生活，居住的房子、办公的大楼、巷子转角的商铺、等公车的人行道、楼上的小艺廊……有时抬头或偶尔低头，另一种生活的细节，都在这些缝隙里透出来。

能够用步行来实践旅行，缓慢的速度让我看见更多，像森林的小溪流，浅薄的水滩慢慢地推进水域往前再往前，只为了看见更多日常的风景。

往人群更密集的地方、节奏更快的区域走去，大多时候还是
保持一点距离的，隔着玻璃、隔着一条街观看，眼中的色彩
缤纷又柔和。

沾水筆頭用完拆下清洗，
屬於消耗品！！

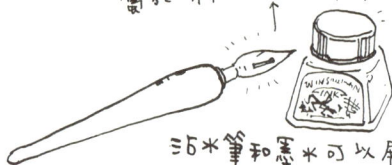

若要上色（水彩），
要買防水（而干水性）
墨水喔！！
↓
沾水筆和墨水可以展現線條的生命力。

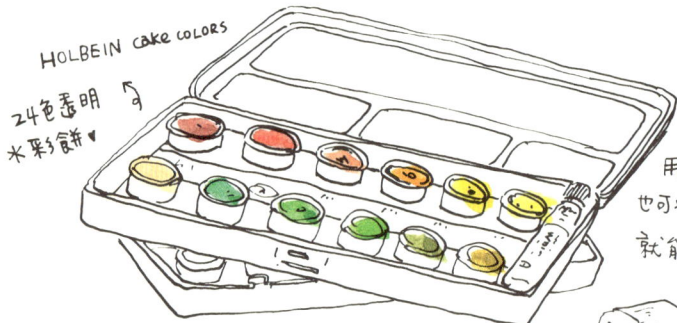

HOLBEIN cake colors

24色透明
水彩餅♥

用完沒洗
也可以，蓋起來
就能帶走，超讚！！

代針筆·防水·無酸
Acid-Free
Waterproof

4302D focus　METAPHYS
→ 製圖鉛筆♥

可放入水彩盒的4號水彩筆 ←　＊RUBENS　310

旅行用.
↓
裝水的小瓶子

## 大胆地画下简单的线条吧！

　　旅途中，可以从身边的小物开始着手画画练习，充
分练习直线、曲线，通过线条来捕捉旅行中的小物件！
之后也可试着上色，为记忆留下鲜明的色彩。

| 甜甜圈 | 笔记本 | 三明治 |
|---|---|---|

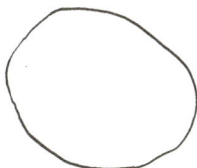

a　划一个有厚度的圆形，线
　　条可以带点不规则。

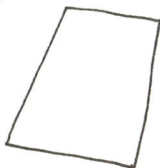

a　画出一个上窄下宽的方形
　　（斜斜的梯形）。

a　画出一个上窄下宽的方形，在
　　侧边画出一个三角形。

b　圆形下方划一条线，表示
　　甜甜圈表面的巧克力酱范
　　围。

b　在方形下方画几条线，表
　　示本子的纸张，表现笔记
　　本的厚度。

b　在方形上分三部分，画上小细
　　点表现吐司的质感。

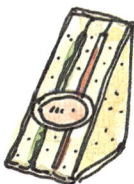

c　画出甜甜圈中间的洞，并在
　　表面加上一些巧克力碎粒。

c　画出笔记本的封面细节，
　　文字可以用线条或是点状
　　延伸。

c　画出吐司夹层的生菜和起司片，
　　在表面加上椭圆形贴纸用来表
　　示三明治外层的包装纸。

**帆布袋**

a 画出袋子的概略外型和提把。

b 画出帆布袋口的厚度线条。

c 画出帆布袋的表面细节和布标签。

**店招**

a 用直线画出招牌概要的外形。

b 画出木头的厚度、用线条隔出拼钉木板的感觉。

c 加上阴影、招牌上的文字图样。如果无法仔细描绘文字，就将文字当作色块处理，或用线条、点状来表示。

**花**

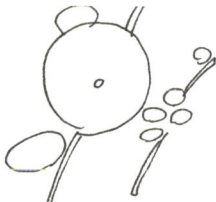

a 以花为中心用简单的线条安排位置。

b 画出植物的外轮廓。

c 画出植物的细节(叶脉、花瓣等)。可利用叶脉和花瓣上的短线条表现出弯曲的效果。

## 食物的画画练习

旅途中，享受异国美食是最令人期待的事情之一，不妨试着通过画笔记录下难得的美食经验。

**甜点冰品**

a  由上往下的角度画食物，会感觉食物变得可爱且可口。

a  冰品的颜色要保持干净，不要混到颜色。

**绿茶凉面**

a  面条类以一般的视角画，较能表现一团一团食物的感觉。

a  颜色表现以绿色和黑色为主，面条的颜色要分两至三个不同的色层，颜色越深的范围要越少。

## 空间的画画练习

旅行时总会看到陈列可爱物品的小店，或是令人印象深刻的场景，无法拍照的时候，试着用画笔记录卜来吧！

a 以最接近自己位置的物件开始画，此例以时钟为主角先描绘，接着画出月台上的柱子线条，最后才画出表示空间透视的放射线条。远景的月台描绘细节要更加简略，类似人的眼睛以清晰、模糊来辨别距离的远近。

b 上色时需注意近景颜色对比，远景颜色色差小且淡，可以表现出远近的空间感。

## 画面的选择

　　旅行中的画图练习，对初学者较困难的是画面的取舍。譬如这一处的风景，包含了路灯、路牌，还有植物等，全景描绘时，无法突显主体。但如果把主体放大，画面也会变得明确。

**画面的选择**

a　大远景容易模糊主体，在画图的取景
　　选择时可以主题表现为要。

b　上色的时候以主体仔细描绘，四周的
　　场景颜色以大面积处理即可。

## 内容的取舍

a 画图时候可以选择性地描绘，不用照着实景去完成。

b 上色时也以能表现空间为主，完成后可以加上文字，增加画面的完整性。

Catrain

宁静時光・宇治

在旅途上找一片風景，畫成明信片，

寫下心情，寄給自己或朋友，是最好的禮物。

Dear

旅行時，總想為你留

一片美麗的風景，也許，

下次一起旅行吧！

good day.      戈 2011 夏.

讓旅行的心情延伸到日常中，直到下次旅行再出發。

由衷地感谢人生旅途上照顾我的大家。

以及带我钻进京都与东京小巷弄书店的南西贝儿小姐，

我们还要再一起出发去旅行哟！

在画画

在画画

在 画画

 在画画

在 画画

在画画

在 画画 🐱

猫·果然如是

台湾中学美术老师,以"猫·果然如是"为名经营个人博客。入选2008年严选中时博客、2008年全球华文博客大奖年度最佳艺术文化博客决选入围。2007年绘于MOLESKINE笔记本的创作,入选MOLESKINE举办的Invitation au Voyage competition TOP50,于台北、香港、伦敦等地展出 曾出版畅销书《下课后的台湾小旅行》。

本来是擅用画图取代照相,以写字取代说话的猫。却因为收养一只流浪猫臭米,而了解自己永远都不会真的是猫。

本书由 一起来出版 远足文化事业股份有限公司 正式授权

山东省版权局著作权合同登记号 图字:15-2012-012

责任编辑 王海涛 杨云云
项目完成 文化艺术编辑室

猫的夏·日小旅行
猫·果然如是 著

规　　格　150mm×190mm
印　　张　5.5
字　　数　100千字
印　　刷　北京图文天地制版印刷有限公司
版　　次　2013年6月第1次
印　　次　2013年6月第1次
书　　号　ISBN:978-7-209-07198-7
定　　价　35.00元

图书在版编目(CIP)资料

猫的夏·日小旅行 / 猫·果然如是著.——济南:
山东人民出版社,2013.6
ISBN 978-7-209-07198-7

Ⅰ.①猫… Ⅱ.①猫… Ⅲ.①旅游指南-日
本 Ⅳ.①K931.39

中国版本图书馆CIP数据核字(2013)第083538号